W0300939

Unheimliches
Wien

IHS

Robert Bouchal
Gabriele Lukacs

Unheimliches Wien

Gruselige Orte
Schaurige Gestalten
Okkulte Experimente

pichler verlag

Inhalt

EINLEITUNG

Seite 2/3: Die Montecuccoligruft in der Kirche Am Hof. Seite 4: Das Grauen über den Dächern von Wien. Seite 6/7: Totenköpfe auf den Särgen der Montecuccoligruft.

Rechte Seite: Die Schauplätze von Geister- und Gespenstergeschichten: modrige Keller und düstere Verliese

Seit Jahrhunderten werden in Wien Geister gesehen und beschrieben, oft kann man sich mit ihnen sogar unterhalten. Man trifft sie als Wiedergänger oder „weiße Frau“, sei es in Schlössern, in Privathäusern oder in den Straßen. Wien ist offenbar ein fruchtbarer Boden für Geister, Gespenster und Vampire. Dieses Buch begibt sich auf ihre Spuren. Es führt einerseits zu Menschen, deren Kontakte mit dem Jenseits durchaus ernst zu nehmen sind, andererseits aber zu Erscheinungen, die ins Reich der Sage zu verweisen sind, auch wenn sie für vergangene Generationen wahrhaftig waren. Manche Orte sind furchterregend und unheimlich, doch wurden auch Berichte aufgenommen, die nicht ernst zu nehmen oder hinterfragbar sind. Wer erinnert sich nicht gerne an die Schauer, die einem in der Kindheit beim Hören von Gespenstergeschichten wohlig über den Rücken liefen. Vor dem Zubettgehen sah man sicherheitshalber noch unter dem Bett nach, ob dort etwa eines der Gespenster verborgen war. Doch irgendwann im Laufe des Erwachsenwerdens verlor man zusammen mit der magischen Kinderseele auch diese Furcht und vergaß die bösen, aber auch die guten Geister, die Feen und Schutzengel, die einen als Kind oft beschützt und getröstet hatten. Die Wissenschaftsgläubigkeit, die nur akzeptiert, was man beweisen kann, ist allerdings gerade in unserem heutigen Computer-Zeitalter an ihre Grenzen gestoßen, da die Forschung noch immer nicht alle unsere Fragen beantworten und auch die Kirche uns nicht immer trösten kann. So macht sich eine gewisse Sehnsucht nach dem Übernatürlichen bemerkbar, von dem man heute wieder sprechen kann, ohne verlacht zu werden. Laut einer Umfrage des Meinungsforschungsinstitutes „Spectra“ im Jahre 2002 sind 65 Prozent der befragten 1.000 Österreicher von zumindest einem übernatürlichen Phänomen wie Geisterbeschwörung, Gedankenübertragung oder Hellseherei überzeugt, vor allem Frauen und Jugendliche können sich der Faszination des Übersinnlichen nicht entziehen. Knapp ein Drittel der Befragten hält Wunderheilungen sowie übersinnliche Wahrnehmungen für möglich, rund ein Viertel glaubt an Hellseherei und Wahrsagerei oder an Telekinese, das Bewegen oder Verbiegen von Gegenständen ohne sichtbare Ursache. An Geisterbeschwörungen, Hexerei und Exorzismus glaubten hingegen nur zehn Prozent der Befragten. (Bericht in Der Standard, 23./24. Februar 2002, APA) Die Ansicht darüber, was unheimlich ist, ändert sich laufend, jede Zeit hat ihre eigenen Gespenster, ihre eigenen übernatürlichen Erscheinungen, die dem Verlauf der Geschichte und damit der Mode unterliegen.

Der Glaube an das Übersinnliche steht in direktem Zusammenhang mit den Wünschen der Menschen. An erster Stelle steht dabei der Wunsch, den Tod zu überwinden. Die Angst vor dem eigenen Sterben, die Ver-

zweiflung über den Verlust geliebter Menschen, das Grauen vor dem Verwesungsprozess sind als starke Gefühle in der Lage, Geister erscheinen zu lassen. Ob dies nun wirklich geschieht oder vom Betroffenen nur so empfunden wird, ist dabei nebensächlich. Um lange zu leben, musste man seinerzeit auf Zauber und Zaubermittel vertrauen, die nicht immer zum Bereich der weißen Magie zählten – heute braucht man die schwarzen Hexen und ihre grausigen Tränke nicht mehr, da die Medizin wirksame Heilmethoden und Mittel bereithält. Die Hexen sind daher aus der Mode gekommen. Da die Ärzte aber gerade bei den chronischen Leiden oft nicht helfen können, wendet man sich den Wunderheilern zu. Früher nahm das zauberische Schatzsuchen einen breiten Raum ein, man findet alte Berichte und vor allem Sagen darüber auch in Wien in Hülle und Fülle, noch im 17. Jahrhundert galt: „Wenn jemand mit Zauberei einen Schatz zu erobern sich untersteht, ist dasjenige, was er findet, unserer landesfürstlichen Kammer verfallen und noch dazu die Bestrafung wegen solcher verübten Zauberei dem Landesgerichtsherrn zu überlassen." Heute hofft man nicht mehr auf einen herbeigerufenen Gnom, der einem den Weg zu Gold und Silber weist, sondern spielt bei „Glücksspielen" mit und lässt sich gar online oder von Hellsehern im Fernsehen Ziffern ansagen.

Der Glaube an Wunder stirbt nicht. Auch die Heiligen wurden oft um Glück und Gesundheit angefleht – und oft genug haben sie geholfen, glaubt man den Berichten. Wenn aber möglich ist, dass sie die Wünsche hören und erhören, dann ist es auch möglich, mit anderen Verstorbenen Kontakt aufzunehmen, was sich viele Menschen sehnlichst wünschen. Geister sind demnach Wesen, die den Menschen helfen oder sie erschrecken. Doch wie kann man sie erkennen? Sind sie sichtbar oder unsichtbar? Zeigen sie sich nur zu ganz bestimmter Zeit? Und aus welchem Stoff bestehen sie? Der Begriff „Äther" stammt aus dem vorigen Jahrhundert und bezeichnet eine unsichtbare Substanz, die

Totenköpfe auf zerfressenen Särgen künden von der Endlichkeit des Seins.

man für alle Geisterscheinungen verantwortlich macht. Der Begriff „Od“ stammt von Baron Reichenbach und bezeichnet jene Lichterscheinung, die auch als „Aura“ oder „Biophotonen“ bezeichnet wird. „Ektoplasma“ ist eine watteähnliche Substanz, die bei Medien aus Körperöffnungen wie Mund und Nase fließt. Aus dem Ektoplasma materialisieren sich Geister und manchmal auch Gegenstände, die jedoch nicht von Dauer sind. Das Spektrum reicht von unsichtbar bis zur körperlichen Materialisation, manchmal wird von spiralförmigen Luftwirbeln bei Geistererscheinungen erzählt. Auch über unterschiedliche sensorische Wahrnehmungen wird berichtet, von kühlem Windhauch bis zu messbaren Temperaturschwankungen. Die Geister werden als weißlich oder blau-violett beschrieben.

In den Wiener Sagen begegnet uns noch eine andere Art von Geistern, die alten heidnischen Götter, die noch immer umgehen sollen und den Menschen manchmal helfen, manchmal schaden. Frau Holle (Hulda, Freia) begegnet uns ebenso wie Wotan und die wilde Jagd, die nächtens mit Donnergroll durch die Lande zieht. Die Wassergeister warnten zwar oft vor der Flut, zogen aber etliche Fischer zu sich hinab. In früheren Zeiten fühlten sich die Menschen von den Naturgewalten viel stärker bedroht als heute, und so sind auch diese Geister aus der Mode gekommen. Unheimliche Menschen gibt es heute keine mehr, der Henker, bei dessen Anblick einem graute, gehört der Vergangenheit an. Dafür gehen „Stecher“ mit AIDS-verseuchten Nadeln als eine neue Art von Gespenstern und Vampiren um, und schon bilden sich um sie neue Sagen – denn sie erzeugen Angst. Dasselbe gilt für die UFOs, deren einige über Wien gesichtet wurden. Der Vampirglaube hatte sonderbarerweise in Mittel- und Westeuropa in der Zeit der Aufklärung besondere Konjunktur, während der Hexenglaube allmählich an Bedeutung verlor. Die Kirche war nicht mehr das Maß aller Dinge, und was man in ihrem Namen über die Hexen fabuliert hatte, hatte keine Geltung mehr, daher verschwand das *crimen magiae* aus den Gesetzbüchern. Die Medizin hingegen war die kommende Wissenschaft, und die Toten waren real. Der Vampir ist eine Art unheiliges Gegenstück zu den Heiligen, galt der unverweste Körper doch oft als Zeichen der Heiligkeit. Mit den Vampiren hatte sich das 18. Jahrhundert jedoch ein Problem geschaffen, das die Aufklärer als „Aberglauben“ zu bekämpfen hatten. Auf Wiener Boden spielte der Vampirismus übrigens keine sehr große Rolle, der berühmteste Vampirjäger liegt aber hier begraben. Und so schließt sich der Kreis, der von echten übersinnlichen Erfahrungen bis zum Schwindel, von Vampirjägern bis zu Henkern, von heidnischen Göttern bis zu christlichen Heiligen, von unterirdischen Grüften bis zu unheimlichen Orten führt. Die Texte und Bilder in diesem Buch wollen Gedankenanstöße geben und Lust darauf machen, auf deren Spuren zu wandeln – sei es nachdenklich oder mit einem Schmunzeln oder gar mit einem gruseligen Schauer.

Folgende Doppelseite: Gespenster in einem Wiener Spukhaus.

I. Kapitel

Spukhäuser

Von einigen Wiener Gebäuden und Plätzen ist glaubhaft überliefert, dass es sich um Spukhäuser oder doch zumindest um unheimliche Orte handelt. Die Autoren besuchten etliche davon und trafen für den Leser eine repräsentative Auswahl.

1. SPUK IM PALAIS CLARY

1., Herrengasse 9

Eine bezeugte und durchaus glaubwürdige Spukgeschichte ist uns durch den englischen Botschafter Sir Horace Rumbold (1869–1941) überliefert worden. Sie trug sich während seiner Wiener Dienstzeit im Palais Clary in der Herrengasse zu, das seiner Gesandtschaft damals kurzfristig zur Verfügung stand. Wie er in seinen von Gunther Martin herausgegebenen Erinnerungen schreibt, habe ihm die Fürstin Clary eine höchst seltsame Geschichte erzählt. Während einer längeren Abwesenheit der Fürstenfamilie war das Palais geschlossen geblieben. Vor ihrer Rückkehr sollte die Beschließerin Vorbereitungen für den Empfang der Familie treffen. Als sie in das noch unbewohnte Gebäude kam, hörte sie Stimmen und Lärm aus einem der Zimmer und erblickte hinter einer Milchglastüre Menschen in altmodischer Kleidung. Als sie in das Zimmer trat, fand sie jedoch niemanden vor, und nichts deutete darauf hin, dass sich jemand vor kurzem darin aufgehalten hätte. Der Spuk war so plötzlich verschwunden, wie er aufgetaucht war. „Man könne kaum bestreiten", erzählte die Fürstin dem Engländer, „dass in dem alten Bau bisweilen rätselhafte Gestalten auftauchten, ohne dass man ihr Erscheinen überzeugend zu erklären vermöchte." Sir Horace war ebenfalls ganz überzeugt: „Es steht auch außer Frage, dass das Palais Clary während der Zeit als Sitz unserer Gesandtschaft sein unheimliches Wesen noch deutlicher offenbarte". Er berichtet von einem unheimlichen Erlebnis, das die Frau und die Tochter eines seiner Vorgänger dort hatten. „An einem sonnigen Vormittag saßen sie in einem langen, schmalen, galerieartigen Wohnzimmer, das sie normalerweise benützten. Miss X las ihrer Mutter aus einem französischen Buch vor, als diese zu ihrem Erstaunen den Leibjäger ihres Gatten wartend an der Stirnwand des Raumes stehen sah und ihrer Tochter befahl: ‚Sag Fritz (dem Leibjäger), er soll zu deinem Vater hinuntergehen, der ihn sicherlich braucht.' Miss X schritt auf den Mann zu, aber als sie näher kam, war er nicht mehr da. Sie ging zu ihrer Mutter zurück, da erblickten die beiden ihn wieder, und Miss X wollte ihm neuerlich den Auftrag überbringen. Das geschah dreimal, immer mit dem gleichen Ergebnis. Mutter und Tochter wären sehr erschrocken darüber gewesen, einen Geist vor sich zu sehen. Später erzählte Fürst Clary, dass in jenem Zimmer ein Leibjäger ermordet worden sei, der seitdem im Haus spukte."

Noch heute soll es im Palais Mollard-Clary in der Herrengasse 9 spuken.

Das Palais Clary, das sich von 1760 bis 1922 im Besitz dieser Familie befand, ist eines der wenigen dokumentierten Spukhäuser Wiens. Ist es nicht eine Ironie des Schicksals, dass ausgerechnet die Britische Botschaft dort untergebracht war? Ein passenderes Haus für die geistergläubigen Briten hätte man in Wien schwerlich finden können. Doch berichtete auch der letzte Nachkomme der Familie, Alfons Clary-Aldringen, in seinem Buch „Geschichten eines alten Österreichers" über unheimliche Begegnungen, die er in diesem Hause hatte. Und selbst später, als das Palais schon längst von der Niederösterreichischen Landesregierung zu Bürozwecken verwendet wurde, soll es unheimliche Erscheinungen gegeben haben.

TIPP

1., Herrengasse 9. Palais Mollard-Clary. Globen- und Esperantomuseum und Musiksammlung der Österreichischen Nationalbibliothek. Öffnungszeiten täglich außer Montag 10:00–18:00, Donnerstag bis 21:00.

2. NAZISPUK UND INITIATION

1., Renngasse 14

Ein ebenfalls glaubhafter Zeuge erzählt von einem anderen Spukhaus aus jüngster Vergangenheit. Alfred Ballabene, „Jenseitsforscher" und begabtes Medium, erhielt einst in einer Wohnung im 5. Stock des Hauses 1., Renngasse 14 eine schamanistische Initiation durch seinen Lehrer und Adoptivvater. Die Wohnung war angeblich während der Hitler-Ära ein Atelier des Fotografen Strobl gewesen, eines Mitarbeiters von Heinrich Hoffmann (1885–1957), der als Hitlers Leibfotograf bekannt wurde und in dessen Atelier Hitler das Lehrmädchen Eva Braun kennen gelernt hatte. Strobl konnte allerdings von der Autorin nicht identifiziert werden. Alfred Ballabene berichtete Folgendes:

„Als die Wohnung von meinen Adoptiveltern übernommen wurde, war dort eine Kiste mit Fotos aus dem dritten Reich. Diese Kiste wurde den Engländern auf deren Wunsch übergeben. Ich sah hiervon nur ein Bild mit Göring. Was sich mir jedoch einprägte, war die Kuriosität der Szene. Göring stand mit einem Speer vor einem erlegten Eber. Auf dem Foto stand handgeschrieben, dass der Telegraphendraht (der quer über den Himmel auf dem Bild verlief) wegretuschiert werden sollte."

Schauplatz okkulter Einweihungen: Renngasse 14.

Geisterbeschwörung im magischen Kultraum.

Geisterscheinungen im magischen Kultraum

Seine Erinnerung an Geisterscheinungen in dieser Wohnung veröffentlichte Alfred Ballabene in seinem Buch „Guru und Schülersohn", wo er schreibt: „Die Wohnung von meinem Guru und Meister hatte Geschichte. Sie lag in der Innenstadt von Wien und zwar am Rande des alten Stadtgrabens. Alles rund herum hatte die Patina wechselvoller Ereignisse der letzten tausend Jahre. Türkenkriege, Pest, ein Knotenpunkt für den Handel mit dem Orient – die Stadt hatte ein wechselvolles Leben. Das strahlte auf die Atelierwohnung aus, von deren Dachterrasse man auf die Giebel der umliegenden Häuser sehen konnte, aufgelockert durch die zahlreichen Kirchentürme dazwischen. Die dortige dichte Aura hatte auch eine Rückwirkung auf mich. Sie erhöhte meine Medialität. Zur mentalen und emotionalen Patina der Stadt kam nämlich noch die Aura der Wohnung hinzu." In der Wohnung soll sich ein hallenähnlicher Kultraum mit schlauchartigen Gängen befunden haben. Gotische Spitzbogen und Eisenrosetten verzierten die mit schwarzem Holz verkleideten Wände. Eine erhöhte Kammer mit einer Sitzbank war dem Anschein nach für geheime Kulte verwendet worden. Herr Ballabene schlief in diesem großen Raum. Über seine nächtlichen Erscheinungen berichtet er:
„Wenn ich im Bett lag und zur Zimmerdecke empor blickte, sah ich über mir schwarze Deckenbalken mit Tierköpfen. Das Kopfende von meinem Bett war ungefähr einen Meter von dem geheimnisvollen Gang ent-

fernt. Ich lag anscheinend im Zentrum eines ehemaligen magischen Kultraumes. Noch immer schienen einige der früher beschworenen Kräfte im Raum zu hängen. Ich bin überzeugt, die magische Aufladung des Ortes erweckte mein mediales Empfindungsvermögen und führte zu Halbschlafzuständen mit geisterhaften Begegnungen."
Oft quälten ihn Albträume, dann schreckte er aus dem Schlaf hoch und sah Geistergestalten im Raum. Unter ihnen war eine alte Frau, die sich um ihn zu sorgen schien, sie deckte ihn regelmäßig zu, und er schlief dann seelenruhig weiter. „Oft stand sie einfach nur in meiner Nähe. Sie sorgte sich fürsorglich um mich, das fühlte ich."
Ballabenes Fähigkeit des „Astralreisens" soll in der dichten magischen Atmosphäre der Räumlichkeiten voll zur Entfaltung gekommen sein. Wenngleich sich seiner Darstellung nach die ersten außerkörperlichen Phänomene nach Albträumen und Schlafparalyse als Geistersehen zeigten, entwickelte er doch über einen Zeitraum von mehreren Jahren schamanische Fähigkeiten. Am Ende seiner Lehrjahre wurde er von seinem Meister als Sohn adoptiert. Heute gibt es diese Wohnung nicht mehr. Die Etage im 5. Stock wurde zur Direktionswohnung umgebaut und mit einer 400 Quadratmeter großen Dachterrasse verbunden.

TIPP
1., Ecke Wipplingerstraße–Renngasse 14. Kathreinbank.
Literaturtipp: Alfred Ballabene: Guru und Schülersohn, Wien 2009

3. DIE WEISSE FRAU

1., Hofburg; Herrengasse 6–8; Schottenkloster;
4., Theresianum

Ein Geist wird in den europäischen Schlössern und Burgen seit dem 15. Jahrhundert besonders oft gesichtet: die „weiße Frau". Eine weibliche Erscheinung, die meist in wallende, weiße Gewänder gehüllt und mit weißen Handschuhen bekleidet ist. Unzählige Sagen und Legenden ranken sich um ihr nächtliches Auftreten und dessen Bedeutung. Es handelt sich oft um eine Angehörige der betroffenen Familie, Ahnfrau oder Letzte eines Geschlechts, und sie zeigt sich um ihre Familie oder die jetzigen Schlossbewohner besorgt. Ihr Erscheinen kündigt nicht immer und überall nur Unglück an, sondern kann auch freudigen Ereignissen wie Hochzeiten oder Geburten vorausgehen. Sie ist also ein guter Geist, auch wenn sie in früheren Jahrhunderten den Habsburgern in der Hofburg den Tod ankündigte.
Der österreichische Dichter Franz Grillparzer holte sich die Inspiration für seine „Ahnfrau" auf Schloss Greillenstein im Waldviertel – nicht von ungefähr, denn auch dort geht eine weiße Frau noch heute um.

Bertha von Rosenberg

Eine historisch fassbare Frau, die nach ihrem Tod zu einer solchen weißen Frau wurde, ist die böhmische Adelige Bertha (Perchta) von Rosenberg, geboren 1425 auf dem Stammschloss der Rosenberger in der Nähe von Krumau. Seit 1449 verheiratet mit Johann V. von Liechtenstein († 1473), hatte sie Schlimmes durchzumachen, der untreue Gatte quälte sie auf das Grausamste. Das Paar lebte zunächst in der Steiermark, dann in Wien in seinem Stadthaus in der Herrengasse, das damals noch ganz neu war, denn das Areal stand erst seit 1443 im Besitz der Familie Liechtenstein. Das Haus wurde später erweitert und umgebaut, 1913 aber mitsamt dem berühmten Bösendorfer-Saal abgerissen. An seiner Stelle steht seit 1932 das älteste Hochhaus von Wien. Bertha trennte sich von ihrem Gatten und zog sich auf ihr Schloss Neuhaus zurück.

Die Wiener Überlieferung sieht sie in freundlichem Licht: Als der böse Gatte endlich starb, zog die arme misshandelte Frau weiße Kleider an

Um Mitternacht erhellen sich die Gänge in der Gruft des Schottenstifts. Die „weiße Frau" geht um. Seit 400 Jahren, so die Legende, harrt sie der Erlösung und kann keine Ruhe finden.

und feierte fröhlich ihre Freiheit, anstatt seinen Tod zu betrauern. Die Strafe für diesen Frevel ist ewige Ruhelosigkeit – bis zum heutigen Tag. Sie erschien meist nachts, bisweilen aber selbst am helllichten Tag. Ihre weißen Gewänder sollen ihr Antlitz stets verhüllt haben, denn es war schaurig anzusehen: „Besonders furchtbar und grässlich, so versichern einstimmig alle, die sie gesehen haben wollen, soll der starre stechende Blick ihrer großen, schwarzen Augen sein, die sie fest und unbeweglich auf diejenigen heftet, denen sie erscheint, wenn sie langsam und schweigend, von ihren seidenen Gewändern umrauscht, an ihnen vorüber schreitet. Bis ins innerste Mark dringe dieser kalte, zermalmende Blick, und erfülle die Seele mit eisigem Entsetzen. Wer einmal in diese toten Gluthaugen geblickt, werde sie in seinem Leben nicht mehr vergessen."
Auch heute soll sie hin und wieder in Neuhaus gesehen werden. Ihr Erscheinen kündet dem Betroffenen immer den Tod oder sonst ein schweres Unglück an. Man sah sie auch gebeugt vor dem Bettchen schlafender Kinder stehen, die bald danach starben. Sie zeigt sich in Gemächern und Gängen, manchmal in der Schlosskapelle, ja selbst im Schlossgarten. Bertha starb in Wien am 2. Mai 1476 und wurde in einer Gruft in der Kirche des Schottenklosters beigesetzt.

Die weiße Frau im Schottenkloster

Schon bald nach ihrem Tod zeigte sie sich zum Schrecken der Novizen auch dort als Gespenst. „Seit Jahrhunderten, solange die Menschen für das Geistersehen noch ein Auge gehabt haben, sind die Schottenmönche auf ein trauriges Ereignis vorbereitet worden, wenn sich zu mitternächtlicher Stunde plötzlich Gänge im Schottenkloster erhellten und ein eiskalter Windhauch durch die Hallen strich. Die unglückliche Bertha von Rosenberg ging um. Die jungen Novizen erstarrten vor Entsetzen, wenn sie die in einem weißen Umhang erscheinende Frau erblickten. Aber so plötzlich wie sie erschienen war, entschwebte sie wieder in die Gruft, wo sie im Jahre 1476 begraben worden war. Niemals hatte es etwas Gutes zu bedeuten gehabt, wenn die weiße Frau bei den Schotten umging. Meist kündigte sie den Tod eines Mitbruders oder wohl gar des Abtes an. Und so harrt Bertha von Rosenberg schon seit über 400 Jahren der Erlösung und kann keine Ruhe finden." (Gustav Gugitz, Sagen und Legenden der Stadt Wien)
Beim Sagenkreis um Bertha oder Perchta von Rosenberg kann man übrigens feststellen, dass hier offenbar alte, heidnische Elemente eingeflossen sind, wie dies ja oft bei Geistergeschichten der Fall ist: Es handelt sich dabei um verschwommene Erinnerungen an die Göttin Perchta, auch Hulda genannt, die zumindest im „Perchtenlauf" noch immer von sich reden macht.

Wer ist die „weiße Frau“ in der Hofburg?

Auf den Titel der „weißen Frau“ in der Hofburg gibt es noch eine andere Anwärterin, sonderbarerweise war auch sie eine lustige Witwe, und damals war noch weiß die Trauerfarbe. Nachdem er die Babenbergerin Margarete verstoßen hatte, heiratete König Przemysl Ottokar II. im Jahre 1261 die wunderschöne, sechzehnjährige Kunigunde von Kiew, die mit ihm zeitweise in der Wiener Hofburg residierte. Als sie 1278 Witwe wurde, trauerte sie nicht allzu lange um ihren Gatten, sondern ging – welch ein Skandal – eine Liebschaft ein mit einem gar nicht ebenbürtigen Mann namens Zawisch von Falkenstein, dem sie einen Sohn schenkte. Wohlgemerkt, ohne den Segen der Kirche! Zawisch wurde zu einem einflussreichen Mann und endlich holte man die Hochzeit im Jahre 1285 nach, da Rudolf von Habsburg, der kurz danach zwei seiner Kinder mit den ihren und Ottokars vermählte, Druck ausübte. Zawisch wurde Hofmeister und faktisch Regent im Lande, Kunigunde starb aber bald. Fünf Jahre später ließ ihn Wenzel II., König Rudolfs Schwiegersohn, hinrichten. Die Habsburger haben Kunigunde also kein Glück gebracht. Klagt die „Skandalwitwe“ noch heute in den Gängen der Hofburg um König Ottokar und um Zawisch?

Klagt die Skandalwitwe noch heute in den Gängen der Hofburg?

Die weiße Frau im Theresianum

Die adeligen Zöglinge des Theresianums wurden ebenfalls von einer umgehenden Frauenfigur erschreckt, wenn ein Todesfall in ihren Reihen bevorstand. Sie soll sich auch heute noch vor einem solchen Unglück zeigen, übrigens nicht immer in Weiß, sondern auch häufig in Schwarz gekleidet.

TIPP

1., Schottenkirche. Besichtigung der Kirche, Gruft, Bibliothek und Gemäldegalerie jeden Samstag 14:30. Das Grabmal der Bertha von Rosenberg existiert heute nicht mehr. Leider konnte auch anhand alter Archivmaterialien nicht mehr festgestellt werden, wo sich dieses Grab befunden hat.

Seite 23: Schauplatz mehrerer Geistererscheinungen: die Gottfried-von-Einem-Stiege

4. LITERARISCHE GEISTER IN DER HOFBURG

Oben: Gottfried von Einem, Komponist und ehemaliger Bewohner der Hofburg, meldet sich aus dem Jenseits. Unten: Geister und Gespenster bevölkern die Gänge der Wiener Hofburg.

Die Wiener Hofburg verzeichnet alljährlich zwei Millionen Besucher, sie ist eines der Highlights jeder Stadtbesichtigung und zieht auch als Kongresszentrum viele Menschen an. Die meisten Besucher drängen sich von morgens bis abends durch die Kaiserzimmer, darunter die Wohnräume des Kaiserpaares Elisabeth („Sisi") und Franz Joseph, die beide zum Mythos geworden sind. Erst nachdem am Abend der letzte Gast gegangen ist, die Büros und Veranstaltungsräume geschlossen sind, senkt sich allmählich Ruhe über die weitläufige Burg. Um Mitternacht jedoch, zur Geisterstunde, soll in dem ehrwürdigen Gemäuer emsiges Treiben erwachen. Dann kommen die ruhelosen Seelen ehemaliger Bewohner aus ihren Gräbern zurück und geistern durch die Hallen und Gänge.
Sie sind gut Freund mit einer lebenden Bewohnerin der Burg.

Lotte Ingrischs Jenseitskontakte

Lotte Ingrisch (geb. 1930) wohnt an der nach ihrem verstorbenen Mann benannten Gottfried-von-Einem-Stiege, am Übergang zwischen der ältesten Hofburg, dem Schweizerhof, und dem barocken Reitschultrakt. Sie ist nicht nur die *Grande Dame* der österreichischen Geisterliteratur, sondern auch ein Medium mit intensiven Jenseitskontakten. 1993 gründete sie die „Schule der Unsterblichkeit", um den Menschen die Angst vor dem Tod zu nehmen. In ihren Büchern berichtet sie von Geistern und Gespenstern, von ihren Jenseitskontakten mit dem verstorbenen Ehemann, dem Komponisten Gottfried von Einem (1918–1996) und sogar mit verblichenen österreichischen Politikern. In ihrem jüngsten Werk „Der Geisterknigge" gibt sie Anleitungen zum Umgang mit Verstorbenen. Geister haben für sie nichts Unheimliches an sich, ganz im Gegenteil: Sie unterhält sich sehr gerne mit ihnen, denn schließlich waren sie ja einmal Menschen. Wie es unter den Lebenden Narren gibt, so gäbe es diese

Die ruhelosen Geister der Hofburg warnten die Habsburger vor Unglück

unter den Geistern. Warum sollte es also nicht auch geisteskranke Geister geben?
Mystik und Musik spielten im Leben des Ehepaares Ingrisch/Von Einem eine wesentliche Rolle. Schon zu Lebzeiten hatte auch Gottfried Kontakt mit dem Jenseits, beide machten mystische Erfahrungen und hatten Kontakt mit Geistern. Die telepathische Verbindung zwischen den Eheleuten besteht über den Tod hinaus weiter. Lotte Ingrisch besitzt übrigens sieben Katzen, die allesamt höchst sensitiv sind und ihr die Geisterscheinungen ankündigen. Sie sieht und spricht mit ruhelosen Seelen, die einst zum Gefolge oder zur Dienerschaft der Habsburger gehörten und sich noch immer nicht von diesen lösen können. Manche wurden wegen Diebstahls aus dem Dienst entlassen und wollen sich rächen. Andere, wie ein Soldat der Leibwache, der fälschlich einer Vergewaltigung für schuldig gesprochen wurde, will sich rechtfertigen und seine Unschuld beweisen. Und wieder andere Geister wollen die Bewohner der Burg vor Unglück warnen.
Bei den vielen Menschen, welche im Laufe der Jahrhunderte in der Hofburg wohnten, wäre es wohl kein Wunder, dass deren Energien auf diesem geschichtsträchtigsten Ort der Stadt noch immer lebendig sind.

Alexander Lernet-Holenia und sein Hund Cinderella

Der Schriftsteller Alexander Lernet-Holenia lebte von 1952 bis zu seinem Tod im Jahre 1976 im zweiten Stock des Reichskanzleitrakts, woran eine Gedenktafel im Durchgang unter der Kuppel erinnert. Die bemerkenswert kurze Ehe seiner amtlichen Eltern, Alexander Lernet und Sidonie Baronin Boyneburgk (geb. Holenia) führte zu dem – von Lernet gerne genährten – Gerücht, er sei ein geheimer Sohn Erzherzog Karl Stephans. Da war natürlich die Hofburg die einzig angemessene Unterkunft für ihn. Seine Verbindung zum „Transzendentalen, Irrationalen, Jenseitigen", das ihn seit dem Ersten Weltkrieg gelockt habe, verkündete er 1957 in einem Interview. Lotte Ingrisch schreibt in ihrem „Reiseführer ins Jenseits", dass Lernet ihr 1974 in einem Brief aus der Hofburg mitteilte: „Übrigens hat es hier wieder gegeistert, und zwar war's unser vor mehr als einem halben Jahr verstorbener Hund Cinderella, der sich zweimal wieder gemeldet hat. Das erste Mal, als Cindy geisterte, sprang sie mit den Vorderpfoten an meinen Stuhlrand, wie sie immer tat, wenn sie Zucker wollte, unsichtbar natürlich, und der Stuhl wurde so weit zur Seite geschoben, dass ich mich, da ich mich zu setzen im Begriffe war, fast auf den Boden gesetzt hätte. Es war, auch in

Oben: Schriftsteller mit Hang zum Transzendenten: Alexander Lernet-Holenia
Unten: Der Reichskanzleitrakt der Hofburg, in dem sich der Hund Cinderella aus dem Jenseits meldete.

jenen Sphären, noch ein echter Lausbubenstreich des kleinen Hundes. Und das zweite Mal, als ich noch im Bett lag und Eva bei mir eintrat, lief ihr Cinderella voraus, natürlich gleichfalls unsichtbar, und sprang, wie es ihre Art war, auf das Fußende des Bettes, so dass das Bett auf und ab schwang. Man mag darüber denken, wie man will."

Die spiritistischen Séancen der schönen „Sisi"

Die erste Schriftstellerin mit Kontakten zum Jenseits, die in der Hofburg wohnte, war Kaiserin Elisabeth („Sisi"), zumindest hielt sie sich selbst für eine große Dichterin. Sie glaubte, Heinrich Heine (1797–1856) führe ihre Hand aus dem Jenseits, wenn sie ihre Gedanken in ihrem Tagebuch niederschrieb oder ihre zweifellos durchaus poetischen Gedichte verfasste. Bekannt ist, dass sie an spiritistischen Sitzungen teilnahm, gemeinsam mit einer alten Freundin aus Kindertagen, der Gräfin Irene Josephine Hermenegilde von Paumgarten (1839–1892), einem „Schreibmedium". Was den Damen aus dem Jenseits diktiert wurde, ist leider nicht erhalten, wohl aber Briefe der Kaiserin an Irene, in denen sie Andeutungen über diese Geisterkontakte macht. Die Originalbriefe wurden übrigens im Jahr 2001 bei einer Auktion um 2.000 Euro an eine nicht genannte Privatperson versteigert.

Merkwürdige Übereinstimmungen

Vier bewunderte königliche Damen teilen in einigen Punkten ein ähnliches Schicksal:

1. *Maria Stuart, *1542, †1587 in England, Königin mit 16 Jahren.*
2. *Marie Antoinette, *1755, †1793 in Paris, Königin mit 19 Jahren.*
3. *Elisabeth (Sisi), *1837, †1898 in Genf, Kaiserin mit 18 Jahren.*
4. *Diana Spencer, *1961, †1997 in Paris, Kronprinzessin mit 19 Jahren.*

Alle vier starben eines gewaltsamen Todes, aber in unterschiedlichen Epochen. Alle vier heirateten in sehr jungen Jahren und wurden Kronprinzessin, Kaiserin oder Königin. Und um alle vier ranken sich bis zum heutigen Tag Mythen, Gespenstergeschichten oder Verschwörungstheorien: Mary Stuart irrt kopflos durch Londons Straßen; auf der Place de Grève in Paris, wo einst die Guillotine stand, hört man Marie Antoinettes Seufzer; Sisi geistert in der Hofburg und Lady Dianas Tod gibt noch immer zu Spekulationen Anlass.

TIPP
Gottfried-von-Einem-Gedenktafel im Durchgang Michaelerkuppel–Innerer Burghof. Lernet-Holenia-Gedenktafel ebendort gegenüber (Batthyány-

Stiege). Sisi-Museum (Innerer Burghof). Geöffnet täglich 9:00–18:00. Bücher von Lotte Ingrisch: Der Himmel ist lustig. Jenseitskunde oder Keine Angst vorm Sterben, Wien 2003. Physik des Jenseits, Wien 2004. Der Geister-Knigge, Wien 2006.

5. DER GEIST DES DICHTERS FRIEDRICH HEBBEL

Vielleicht bewahren ja Künstler nach ihrem Tod die Verbindung mit den Stätten ihres irdischen Wirkens besonders leicht. Friedrich Hebbel, einer der bedeutendsten Dramatiker des 19. Jahrhunderts, wurde 1813 in Holstein geboren. Aufgewachsen in ärmsten Verhältnissen, kam er völlig mittellos am 4. November 1845 nach Wien, wo er in einem ungeheizten Mietzimmer in der Josefstadt logierte und sogar verzweifelt an Selbstmord dachte.

Friedrich Hebbel wurde durch das „Wunder von Wien" vom Selbstmord errettet.

Das „Wunder von Wien"

Da geschah das Unerklärliche, sein persönliches „Wunder von Wien". Wie vom Himmel gefallen, erschienen bei ihm die adeligen Brüder Wilhelm und Julius Zerboni di Sposetti, zwei reiche Schlesier italienischer Abstammung, die große Bewunderer seiner Arbeit waren. Sogleich wurde seine Übersiedlung ins vornehme Hotel Erzherzog Karl in der Kärntner Straße arrangiert. Hebbel erwachte erstmals unter „damastenen Decken mit goldenen Fransen". Die beiden Zerboni versorgten ihn mit allem Nötigen, statteten ihn großzügig mit finanziellen Mitteln aus und führten ihn in die Gesellschaft ein. Hebbel wähnte sich im Paradies. Er schöpfte wieder Hoffnung: „Ich möchte fast glauben, dass mein Leben jetzt eine bessere Wendung nehmen wird, wenn ich auch über das Wie nichts zu vermuten wage. Warum? Weil ich weiß, dass es geschehen muss, wenn ich nicht zugrunde gehen soll … Und ich bin hier in Wien doch wirklich durch ein Wunder festgehalten worden. Dieses Wunder entschied für mein ganzes Leben." Er hatte schlagartig finanziell ausgesorgt und konnte sich hinfort ausschließlich seinem literarischen Wirken widmen. Hier wurde er zum bedeutendsten Dichter seiner Zeit. Er zog später in die Vorstadt, wo er noch einige Male innerhalb des 8. und 9. Bezirks das Quartier wechselte. Seit dem Jahre 1846 war er mit der Wiener Burgschauspielerin Christine Enghaus verheiratet, die ihm zwei Kinder gebar. Der Dichter starb 1863 im Alter von nur 50 Jahren und liegt am evangelischen Friedhof in Wien-Matzleinsdorf begraben. Wien war Hebbels Schicksal, und offenbar kann er sich noch immer nicht von der Stadt lösen, denn man begegnet ihm noch heute in einigen seiner Wiener Quartiere:

1., Kärntner Straße 29–31, ehemaliges Hotel Erzherzog Karl
1., Bräunerstraße 4, mit Gedenktafel
1., Brandstätte 9, heute ein Neubau mit Café Korb
8., Wickenburggasse 3

Der Grabstein Friedrich Hebbels auf dem Matzleinsdorfer Friedhof

8., Lenaugasse 2, mit Gedenktafel (Café Eiles)
8., Loidoldgasse 4, mit Gedenktafel
9., Wasagasse 24
9., Liechtensteinstraße 13, mit Gedenkmedaillon
14., Einwanggasse 29, Hebbels „Sommerfrische"

Immer wieder werden an manchen dieser Adressen unheimliche Geräusche, Lichterscheinungen und unerklärliche Stromausfälle beobachtet. Auch von verlegten Gegenständen, die plötzlich wieder auftauchen, berichten die heutigen Bewohner. Und ist es nur ein reiner Zufall, dass heute in einer dieser Wohnungen ein gewisser Dr. Franz wohnt? Hebbel veröffentlichte einige Jugendwerke unter dem Pseudonym Dr. J. F. Franz.

Friedrich-Hebbel-Gedenktafel 1, Bräunerstraße 4. Der Geist des Dichters spukt noch immer in diesem Haus.

TIPP
Hebbel-Gedenkstätten in Wien:
1., Bräunerstraße 4 mit Gedenktafel.
10., Hebbelschule. Eröffnet 1912 in Anwesenheit der Tochter Hebbels, Christine Kaizl, geb. Hebbel. Einige Bilder, Fotos und Handschriften wurden als Schenkung der Direktion übergeben.
Österreichische Galerie Belvedere: Seit 1922 besitzt diese die Hebbel-Büste des berühmten Bildhauers Anton Fernkorn.
Hebbel-Grabstätte: Matzleinsdorfer Evangelischer Friedhof, Gruft Nr. 38, 2. Reihe rechts hinter der Kirche, mit Aufschrift: Für Friedrich und Christine Hebbel, als Ehrengrab von der Stadt Wien gewidmet.

6. SCHUBERT ODER MOZART?

9., Nussdorfer Strasse 54

Auch Musiker scheinen ihr ehemaliges Erdendasein nicht vergessen zu haben. Alljährlich am 19. November soll sich in Schuberts Geburtshaus in der Nußdorfer Straße 54 ein Poltergeist mit Klopfen und Raunen bemerkbar machen. Franz Schubert wurde dort am Himmelpfortgrund, heute Teil des 9. Wiener Gemeindebezirks, als achtes Kind eines Grundschullehrers am 31. Januar 1797 geboren und verstarb im Alter von nur 31 Jahren am 19. November 1828 in der Kettenbrückengasse. Er hinterließ trotz seines kurzen Lebens ein umfangreiches Lied- und Kompositionswerk, ähnlich wie Mozart.

Es gibt noch mehr Parallelen zwischen den beiden Musikern, was den Wiener Romanautor David Weiss zu der Annahme brachte, in Schubert eine Reinkarnation Mozarts zu sehen, der im Jahr 1791 im Alter von 35 Jahren starb. Er spekuliert gemeinsam mit einem Musikwissenschaftler weiter: Was wäre, wenn Wolfgang Amadeus Mozart nicht gestorben wäre, sondern einfach verschwunden, eine neue Identität angenommen und als Franz Schubert weitergelebt hätte? Ein Ding der Unmög-

lichkeit? Oder doch ein faszinierender Denkanstoß? Pure Illusion oder doch im Bereich des Möglichen? David Weiss lässt alles offen, überlässt die Schlussfolgerungen dem Leser und bietet in seinem neuen Buch eine Menge von Fakten, Daten und Ereignissen an, die seine Theorie zu stützen scheinen.
Wer produziert aber nun die Klopfgeräusche – Schubert oder Mozart? Vielleicht lässt sich an den Taktfolgen ein Muster erahnen, das einem der beiden posthum zugeordnet werden kann. (Nach einem Pressetext von Gerd Schilddorfer).

Linke Seite oben: Das Geburtshaus Franz Schuberts. Hier soll sich alljährlich an Schuberts Todestag ein Poltergeist bemerkbar machen. Linke Seite unten: Lebte der Geist Mozarts in Schubert weiter?

TIPP
9., Nußdorfer Straße 54. Schuberts Geburtshaus. Öffnungszeiten: täglich außer Montag 10:00–13:00 und 14:00–18:00.
Literaturtipp: David Weiss: Miasma oder Der Steinerne Gast (Roman), Wien 2008.

7. DIE POLTERGEISTER VOM PALAIS CAVRIANI

1., Habsburgergasse 5/Bräunerstrasse 8, ehemaliges Palais Cavriani.

Auch in den „grünen Zimmern“ im ersten Stock des Palais Cavriani sollen sich lange Zeit hindurch Poltergeister bemerkbar gemacht haben, sodass sich selbst bei helllichtem Tage keiner von den Bedienten hineinwagte. Nur Dorothea, die alte Haushofmeisterin, durfte unbehelligt hineingehen, ja sie wurde von dort sogar öfter laut bei ihrem Namen gerufen. Eine alte Sage berichtete, dass in dem 1723 vollendeten Haus ein Schatz vergraben sei, den die gräfliche Familie nun gerne gehoben hätte. Daher veranlasste sie den Beichtvater der Haushälterin diese zu bereden, der rufenden Stimme Folge zu leisten. Die gehorsame Dorothea hörte diese noch am selben Abend, als sie gerade zu Bett gehen wollte. Sie ergriff eine Kerze und folgte der Stimme in die grüne Stube. Dort sah sie auf allen Tischen Lichter stehen, einige sitzende Männer waren mit Geldzählen beschäftigt, andere saßen nur still und stumm. Als sich Dorothea zur Tür umwandte, verschwand der ganze Spuk unter Geprassel, wobei sie große Säcke mit Geld in einen Abgrund hinunterfallen zu hören glaubte. Als sie dies dem Beichtvater berichtete, freute sich dieser schon auf den Schatz und schlich ihr beim nächsten Mal nach. Da sah sie zwar keine Männer, aber doch die Lichter, über die sie auf Befehl des Mönchs ihre Schürze warf – was ihr eine derbe Ohrfeige eintrug, von der sie ohnmächtig wurde. Das von ihm herbeigerufene Hausgesinde brachte sie wieder zu sich. Sie sei von einer alten

Das ehemalige Palais Cavriani: ein Poltergeist im ersten Stock und ein Schatz im Keller, der noch immer dort vergraben sein soll.

Frau auf die Wange geschlagen worden, erzählte sie, und habe sechs große eiserne Kästen mit großen Vorhängeschlössern gesehen, alle voller großer Münzen.

Nun begann auf Befehl der Herrschaft die große Schatzsuche, in besagtem Zimmer wurde der Anfang gemacht. Das ganze Haus wurde umgewühlt, doch konnte man nicht die geringste Spur eines Schatzes finden. Eines nachts aber vernahmen die Arbeiter ein gar gewaltiges Poltern und Werfen, was sie natürlich die Flucht ergreifen ließ. Auch der Beichtvater und Dorothea liefen davon, dabei verlosch die Kerze und sie fielen in eine tiefe Grube bis hinab in den weichen, aber ekelhaften Morast der Güllegrube – statt Goldstücken hatten sie Exkremente gefunden. Hier handelt es sich um ein altes Sagenmotiv, die Verwandlung von Gold in Exkremente, da die Schatzsucher einer Belohnung unwürdig waren.

Die Schatzsuche mit Hilfe von Geisterbeschwörungen und anderen magischen Handlungen war durch Jahrhunderte so beliebt, dass sie sogar in die alten Gesetze Eingang fand und es zu zahlreichen Prozessen kam. Die darin verwickelten Personen befanden sich meist in schlechter wirtschaftlicher Lage und hatten sich auf Betrüger eingelassen. So heißt es noch unter Kaiser Leopold I. (1657–1705) im Artikel 12 der Gesetzesordnung „Tractatus de juribus incorporalibus" aus dem Jahr 1679, die die Beziehungen zwischen den „Untertanen" und den Grundherren regelte: „Wenn jemand mit Zauberei einen Schatz zu erobern sich untersteht, ist dasjenige, was er findet, unserer landes-

fürstlichen Kammer verfallen und noch dazu die Bestrafung wegen solcher verübten Zauberei dem Landesgerichtsherrn zu überlassen." In der Praxis ergingen damals aber bereits milde Urteile.
Die der Öffentlichkeit nicht zugänglichen, zweigeschossigen barocken Keller des Palais Cavriani, wo der Schatz bis zum heutigen Tag noch unentdeckt vergraben liegt, existieren noch und geben Zeugnis für die einst aufwändigen Unterkellerungen sämtlicher alter Palais in der Wiener Innenstadt, die alle miteinander in Verbindung standen. Da unten findet man Hülsen von Schrotpatronen der Firma Rottweil, Geschoßreste und Zielscheiben, denn jahrzehntelang wurden die Räume als gewaltige unterirdische Schießanlage verwendet.

8. GEISTERSPUK AUF DEM LEOPOLDSBERG

19., Leopoldsberg

Bei Schatzsuchern gilt auch der Leopoldsberg als Geheimtipp. Seinerzeit erzählten die Bewohner des Dorfes an seinem Fuß, sie hätten nächtliche Lichter in der verfallenen Burg auf seinem 425 Meter hohen Gipfel gesehen, obwohl niemand dort hauste und das Gemäuer völlig verfallen war. Die Lichter gingen abends an und wieder aus, so als ob jemand mit einem Leuchter in der Hand die Räume durchschreiten und kontrollieren würde, ob auch alles in Ordnung sei. In der Nähe weilende Hirten wollten gar Getöse und Lärm vernommen haben. Alle Tiere mieden das sonderbare Schloss, kein Hund, kein Schaf verirrte sich in die Ruinen. Im Winter, wenn Eis und Schnee das Schloss einhüllte und die Stürme um die Wehrmauern tobten, hielten viele sie für die „wilde Jagd". Sobald aber die Kirchturmuhr die erste Stunde schlug, war der Spuk vorbei und Ruhe kehrte ein. So ging es lange Jahre. Man munkelte, die kostbare Einrichtung des Schlosses und seine Bibliothek wären in das Stift Klosterneuburg gebracht worden. Die ruhelosen Seelen der ehemaligen Bewohner müssten ihre Schätze nun vergeblich in der Burg suchen, bis sie eines Tages erlöst würden (nach Gustav Gugitz, Sagen und Legenden der Stadt Wien).
So weit die Sage. Die alte Babenbergerburg wurde 1130 als prunkvolle Residenz für Markgraf Leopold III., den Heiligen (1095–1136), und seine Gemahlin, die Kaisertochter Agnes, erbaut. Als die Babenberger ihre Residenz aber um 1156 nach Wien verlegten, verlor sie zunehmend an Bedeutung. Einer ihrer späteren Besitzer war Przemysl Ottokar II., danach gehörte sie den Habsburgern, bis Mathias Corvinus sie eroberte. Sie fiel nach seinem Tod an die Habsburger zurück, im Jahre 1529 brannte man sie aber wegen der Türkengefahr nieder. Danach verfiel

Folgende Doppelseite: Geisterspuk auf dem Leopoldsberg

der Rest, bis Kaiser Leopold I. die Kirche erbauen ließ. Im vorigen Jahrhundert errichtete man auf den alten Gebäuderesten ein Gasthaus und Personalwohnungen. Noch vor kurzem konnte man von dem Lokal aus die wohl schönste, aber äußerst windreiche Aussicht über Wien auf der einen und das Donautal auf der anderen Seite genießen.
Innen veranstaltete man legendäre Ritteressen. Seit der Schließung gerät wieder alles in Verfall, es findet sich kein Pächter, der die enormen Renovierungskosten aufbringen möchte, und Stift Klosterneuburg als Grundeigentümer ist ebenso wenig dazu imstande. So ist die Burg

Unheimliche Lichter tanzen in den Ruinen der Burg.

wieder ungeschützt den Elementen preisgegeben, die Mauern bröckeln, die Fenster sind eingeschlagen. Man hört wieder von Geisterjägern, von schwarzen Messen und allerlei unheimlichen Gestalten, die sich dort herumtreiben. In Vollmondnächten, besonders in der Walpurgisnacht, kommen die modernen Hexen aus der Stadt und vollführen Zeremonien bei Kerzenschein und Trommelwirbel, man will sie tanzen gesehen haben. In Mauernischen kleben danach Wachsreste. Und daher erzählt man sich heute wieder Geschichten von unheimlichen Lichtern in der Burg auf dem Leopoldsberg und vom Lärm, der aus den

In Vollmondnächten versammeln sich die Hexen auf dem Leopoldsberg.

Mauern bis ins Tal zu hören ist. Doch diesmal endet der Spuk nicht mit der Geisterstunde, sondern erst im Morgengrauen.
Erst wenn die letzten Autos den Parkplatz verlassen haben, kehrt wieder Ruhe auf dem Leopoldsberg ein.

TIPP
Leopoldsberg: erreichbar über Höhenstraße oder Fußweg „Nasenweg" ab Kahlenbergerdorf. Bus Linie 38 A ab U 4, Station Heiligenstadt.

9. KNOCHENFUND IM RATZENSTADL

6., MAGDALENENSTRASSE

In Wiens Untergrund tauchen tatsächlich gar nicht so selten interessante Funde auf, wenn es sich dabei auch meist nicht um Gold oder Silber handelt. Eine Pressemeldung aus dem Jahr 2009 berichtet von einem unheimlichen Fund in Wien-Mariahilf, der die Phantasie der Wiener anregte und rasch zum Stadtgespräch wurde. Der Schauplatz war ein altes Haus am Magdalenengrund, einem Stadtteil im 6. Bezirk, benannt nach der heute nicht mehr existenten Magdalenenkapelle am Stephansplatz, deren Bruderschaft das Areal einst gehörte. Die Gegend hieß früher „Am Saugraben an der Wien" oder im Volksmund „Ratzenstadl". Das war zwar nicht schmeichelhaft, gibt aber die damaligen

Das ehemalige Ratzenstadl auf dem Magdalenengrund (Modell im Bezirksmuseum Mariahilf)

Grausiger Skelettfund in einem Keller der Magdalenenstraße

Verhältnisse recht gut wieder. Eine Wiener Sage erzählt denn auch vom Rattenfänger vom Magdalenengrund. Das ehemalige Ratzenstadl war das Häuser- und Straßenquadrat in Wien-Mariahilf, gebildet von der heutigen Kaunitzgasse (wo mit Nummer 7 noch das letzte alte Haus steht), der Dürergasse, der Proschkagasse und der Linken Wienzeile. Die Magdalenenstraße verlief diagonal durch das Viertel. Nach dem Zweiten Weltkrieg begann die Stadt Wien das Viertel zu sanieren, heute ist es ein idyllischer Stadtteil mit revitalisierten Biedermeier-Häusern.

Zurück zum Fund, den geschockte Mitarbeiter eines Räumungsdienstes am Dreikönigstag des Jahres 2009 machten. In einem Kellerabteil des Ratzenstadls in der Magdalenenstraße fanden sie – in Zeitungspapier gehüllt und unter einem Kohlenberg versteckt – menschliche Schädel und Knochen. Der neue Mieter einer Wohnung hatte das Abteil entrümpeln lassen und nicht die geringste Ahnung, was dieser makabre Fund zu bedeuten hatte. Er rief die Polizei, die den Fall untersuchte. Da das Datum der Zeitung unleserlich war, weil komplett vermodert, tippte man auf ein Alter der menschlichen Überreste von mindestens 60 bis 70 Jahren, was die gerichtsmedizinische Untersuchung dann bestätigte. Woher und von wem die Knochen stammten, konnte aber niemand herausfinden. Vielleicht handelte es sich nur um „Studienobjekte eines Sammlers". Warum diese dann nicht in einer Vitrine, sondern unter den Kohlen lagen, ist damit nicht erklärt. Unweit vom Ratzenstadl liegt ein Wiener Luftschutzbunker unter dem Esterhazypark. Es könnte möglich sein, dass die aufgefundene Person während eines Luftangriffs im Zweiten Weltkrieg versuchte, diesen durch die

Folgende Doppelseite: Im Restaurant Kaiserwalzer ereignen sich unerklärliche Vorkommnisse. Ist das Münzwardeinschlössl der Ausgangspunkt des Geisterspuks?

WEIL
IM JULI
easy morning
Früh- stück.
1€

unterirdischen Gänge zu erreichen, es aber nicht mehr schaffte und im Keller umkam. Später dürfte ein Berg Kohlen in den Keller deponiert worden sein, der die Leiche bedeckte. Wie die Knochen dann aber den Weg in das Zeitungspapier fanden, bleibt nach wie vor rätselhaft. Ältere Bewohner des Viertels, die sich noch an die Zeit des berüchtigten Ratzenstadls erinnern konnten, meinten, der Knochenfund stamme von einem Bewohner des Hauses, der unbekannterweise verstorben und offensichtlich von niemandem vermisst worden war. Seine Leiche wäre von den allgegenwärtigen Ratten abgenagt worden. Eine unheimliche Vorstellung, die jedoch die Zustände in der alten Rattenburg treffend beschreibt. Die Frage nach dem Zeitungspapier bleibt damit aber noch immer unbeantwortet. Ob vielleicht dem Ableben der bedauernswerten Person nachgeholfen wurde? Das lässt sich nicht mehr feststellen. Möglicherweise tauchen aber noch mehr solch unheimlicher Funde auf, denn die Wiener Häuser sind durchgehend unterkellert und viele davon harren noch ihrer Entrümpelung.

Linke Seite: Schaurige Keller im ehemaligen Ratzenstadl. Verbergen sich hier noch unentdeckte Leichen?

Unerklärliche Vorkommnisse im Restaurant Kaiserwalzer

Im nahe gelegenen Restaurant „Kaiserwalzer" 6., Esterházygasse 9, einer ehemaligen Möbelfabrik, ereignen sich seit Jahren unerklärliche Vorkommnisse. So erzählen die Herren „Ober", dass ohne ihr Zutun immer wieder Gläser aus den Regalen fallen oder sicher verwahrtes Geschirr zu Boden fällt. Unerklärliche Geräusche wie Möbelrücken und Türenknallen wie von Geisterhand sollen keine Seltenheit sein. Die nicht geistergläubigen Angestellten versicherten der Autorin, dass sie eine unterirdische Wasserader für die Verursacherin des Spuks hielten. Unmöglich ist das nicht, denn der nahe Wienfluss wird genau an dieser Stelle von mehreren Wasserläufen gespeist, unter der heutigen Mollardgasse floss einst der Mühlbach, der Wasser aus der Wien und ihren Zuflüssen führte. Über häufige Geistererscheinungen im hinteren Teil des Lokals und auf der Treppe zur Toilette wurde bereits vor einigen Jahren in einem Buch berichtet. Möglicherweise ist aber auch das Nebenhaus, das „Münzwardeinschlössl", der Ausgangsort des Geisterspuks, denn hat nicht jedes Schloss seinen Poltergeist? So denkt man zumindest in Großbritannien, dem Land der Schlossgespenster.

TIPP

Bezirksmuseum: 6., Mollardgasse 8: Öffnungszeiten Donnerstag 10:00–12:00 und Sonntag 11:00–13:00 (und nach Vereinbarung). Ein 3 mal 3 Meter großes Modell des Magdalenengrundes aus der Zeit um 1900 stellt das Prunkstück des Museums dar.

Literaturtipp: Christof Bieberger u. a.: Spuk in Wien, Wien 2004.

10. DAS KATZENSTEIGHAUS

1., Seitenstettengasse 6/ Rabensteig 3

Schauplatz einer alten Wiener Sage: das Katzensteighaus an der ehemaligen römischen Stadtmauer

Manche Häuser wirken finster und unheimlich, so das Eckhaus Seitenstettengasse/Rabensteig. Die Autoren gingen der Vermutung nach, dass möglicherweise eine Gruselgeschichte daran festgemacht werden kann, und wurden fündig.

Als in der Seitenstettengasse noch ein Stadttor stand, schlich der Legende nach nächtens eine große, weiße Katze über die Dächer der Häuser. Jeder, der sie erblickte, wurde vom Pech verfolgt, und jedem, der sich ihr näherte, fügte sie mit ihren scharfen Krallen tiefe Wunden

zu. Das Tor wurde nach diesem Tier Katzensteigtor benannt, in Wahrheit wohl aber eher nach der „Katze", einem Wort für einen Teil der Stadtbefestigung.
Der Besitzer des Hauses Nummer 6 soll ein wüster Geselle gewesen sein, von niemandem wohl gelitten. Eines Tages verfiel er einem lasterhaften Weib. Gemeinsam heckten sie den teuflischen Plan aus, die ehrbare Ehefrau des Wüstlings zu ermorden, um fortan zusammen zu leben. Das Gift mischten sie in die Speisen, doch durch einen Zufall wurden die Teller verwechselt und die Ehebrecherin nahm das Gift zu sich. Sie stürzte zu Boden, wand sich jämmerlich wie eine räudige Katze, sprang aus dem Fenster und brach sich das Genick. Von Stund an war sie dazu verdammt als unheimliche Katze über die Dächer zu streifen (frei nach Gustav Gugitz, Sagen und Legenden der Stadt Wien). Soweit die Sage, doch recht geheuer ist die Gegend wirklich nicht.

Das Unglückshaus am Katzensteig

Auf dem Haus in der Seitenstettengasse beim ehemaligen Katzensteigtor scheint tatsächlich ein Fluch zu liegen. Keinem seiner Besitzer hat es Glück gebracht. Immer waren es unvorhersehbare Ereignisse und unheimliche Pechserien, die über diese hereinbrachen.
Ursprünglich hieß das Haus „Pempflingerhof", errichtet 1486 aus mächtigen Steinquadern vom Stadtrichter Christoph Pempfling. Seine

Das „Fluchhaus" am Katzensteigtor brachte angeblich jedem seiner Besitzer Unglück.

Ein Fluch liegt auf den Gewölben des ehemaligen Pempflingerhofs.

Frau Dorothea, eine resolute Wienerin, soll selbst den Teufel das Fürchten gelehrt haben. Aus ungeklärter Ursache brach während einer totalen Mondfinsternis am 15. September 1522 ein Feuer auf dem Kienmarkt aus und zerstörte das Gebäude bis auf die Grundmauern. Im Jahr 1555 erwarb Bonifaz Wolgemut, der bekannte Zeichner des ersten Wiener Stadtplans, das Grundstück und errichtete das Gebäude neu, doch stürzte es beim Erdbeben des Jahres 1590 ebenso wie die Häuser der ganzen Umgebung ein. Sein Sohn Mathias Wolgemut erwarb einen Teil der benachbarten Ruinen dazu, renovierte das Ganze und vermietete in dem Teil, dessen Krümmung noch heute den Verlauf der ehemaligen römischen Stadtmauer anzeigt, Wohnungen. Die Mieter wechselten häufig, offenbar bis zum heutigen Tag, denn das Haus scheint seit Jahren unbewohnt zu sein. Nur manchmal sieht man einige Fenster beleuchtet, meist bleibt es abends dunkel. Eine düstere, unheimliche Stimmung geht von dem Gebäude aus. Kein Geschäft, kein Lokal hält sich für längere Zeit.
Das Katzensteigtor wurde 1825 abgebrochen, die alten Häuser stehen noch. An der Stelle des ursprünglichen Pempflingerhofs befindet sich die Synagoge, und das unheimlich wirkende Eckhaus ist ebenfalls Eigentum der Israelitischen Kultusgemeinde.
In den Wiener Sagen taucht auch eine schwarze Katze auf: Die Knechte eines Weinbauern schlichen heimlich in den Keller, um sich just am

edelsten Tröpfchen – dessen Genuss ihnen strikt untersagt war – gütlich zu tun. Zur Abschreckung der Missetäter setzte die Hausherrin eine hölzerne, grimmig dreinschauende schwarze Katze auf das Fass mit dem besten Wein, was bei schreckhaften Gemütern seine Wirkung zeigte. Jene, die sich von derlei Hokuspokus nicht beeindrucken ließen, wussten so aber wenigstens gleich, wo sie ihre Becher am besten füllen konnten. Die schwarze Katze wurde daher zum Symbol für den besten Wein im Keller, noch heute ist in vielen Weinkellern eine hölzerne „Kellerkatz" zu finden. In Wahrheit leitet sich der Ausdruck aber vom Kellerschimmel (lat. cladiosporium cellare) an den Wänden der alten Keller ab, der wegen seines fellartigen Aussehen und der weichen Beschaffenheit als „Kellerkatze", „Kellertuch" oder „Schwarze Katze" bezeichnet wird. Man kann ihn dort finden, wo die alten Kellergewölbe noch heute als Weinkeller dienen.

Schimmel an den Kellerwänden nannte man „Kellerkatz".

TIPP

1., Seitenstettengasse 6. Hinweistafel auf das Katzensteigtor. 1., Seitenstettengasse 5. Im Hausflur links Bild vom Katzensteig und dem Tor.

Folgende Doppelseite: Ein schauriges Kapitel der Geschichte, auch in Wien: die Hexenprozesse.

II. Kapitel

Wiedergänger, Scheintote, Vampire

1. EXORZISMUS UND HEXENVERBRENNUNG

1., Postgasse, Barbarakirche, 1., Rauhensteingasse 10.,
3., Weissgerber Lände.

Rechte Seite: Kellerabgang im ehemaligen Schergenhaus

Folgende Doppelseite: Die Rauhensteingasse: Hier befand sich ehemals das gefürchtete Hauptgefängnis von Wien.

Ein schauriges Kapitel in der Geschichte der Strafverfolgung nehmen die Hexenprozesse ein, obwohl es im katholischen Österreich viel weniger Fälle als im protestantischen Deutschland gab. Außerdem kann man feststellen, dass die österreichischen Hexen (ein Drittel davon waren Männer) immer auch in den Verdacht der Ketzerei gerieten, die Abgrenzung gegenüber den Ketzerprozessen also fließend ist. Um sie an der Wiederkehr, aber auch an der fleischlichen Auferstehung am jüngsten Tag zu hindern, verbrannte man sie und warf die Reste in den nächsten Fluss.

Die Plainacherin – eine Hexe?

Die Plainacherin wurde auf der Weißgerberlände verbrannt.

Der einzige Fall einer Hexenverbrennung in Wien ist aus dem Jahre 1583 bekannt, es handelt sich dabei um den Fall der siebzigjährigen

Lutheranerin Elise Plainacherin aus Mank im niederösterreichischen Mostviertel. Ihre bereits verstorbene Tochter war mit einem „papistischen Hund“, einem Katholiken, verheiratet gewesen, die Enkelin Anna Schlutterbauer hatte lange bei ihr gelebt. Als der Vater die inzwischen Sechzehnjährige nach St. Pölten mitnahm, begann sie an Krämpfen zu leiden und galt deshalb als besessen. Ein an ihr vorgenommener Exorzismus half nichts, daher musste eine Hexe als Verursacherin ihrer Krämpfe gesucht werden. Man glaubte diese in der alten Großmutter zu finden, ganz sicher habe sie das Mädchen verhext.

Die beiden Frauen wurden nach Wien gebracht. Der berühmte Jesuit Georg Scherer reinigte sich durch strenges Fasten und Geißelungen und trat in der Barbarakirche am Fleischmarkt am 14. August 1583 den 12.652 Dämonen, die es sich in Annas Körper und Geist gemütlich gemacht hatten, tapfer entgegen, bis sie nach langem Ringen aus dem Mädchen ausfuhren. Dabei sagte Anna in ihrer Benommenheit und Verzweiflung aus, ihre Großmutter habe diese Bösen in Gestalt von Fliegen in Gläsern gehalten. Die unschuldige Greisin wurde daraufhin in das „Schergen-“ oder „Malefizspitzbuben-Haus“ in der Rauhensteingasse 10 gebracht, wo sich seit 1422 das Untersuchungsgefängnis nebst Henkerswohnung befand. Im Keller wurde sie dort solange „peinlich befragt“ (gefoltert), bis sie verwirrt alle ihre „Verbrechen“ gestand. Nicht einmal der Stadtrichter war von dem Geständnis überzeugt, er wollte die arme Alte in einem Versorgungsheim unterbringen, ersuchte Kaiser Rudolf II. um Gnade. Es war umsonst, und so bestieg die Plai-

Die Gefängniszellen im ehemaligen Schergenhaus.

Im Schergenhaus stand dem Henker eine freie „Dienstwohnung“ zu.

nacherin am 28. September 1583 den Scheiterhaufen auf der „Gänseweide“ (Weißgerber Lände).
Das Schergenhaus steht heute nicht mehr, dort befindet sich ein Gründerzeitbau mit Wohnungen. Im 22. Bezirk wurde vor kurzem eine Gasse nach der Plainacherin benannt.

TIPP
1., Rauhensteingasse 10. Hier befand sich seinerzeit das 1422 errichtete „Malefizspitzbubenhaus“ mit Untersuchungsgefängnis und Henkerswohnung.
Literaturtipp: Anna Ehrlich: Hexen – Mörder – Henker. Wien 2006.

2. DIE VAMPIRGRÄFINNEN VON WIEN

1., AUGUSTINERSTRASSE 12 UND 1., NEUER MARKT 8

Der irische Schriftsteller Bram Stoker hat mit seinem vor 110 Jahren erschienenen Roman „Dracula“ die Blutsauger, Wiedergänger und Untoten salonfähig gemacht; seither feiert seine Geschichte in unzähligen Variationen Erfolge in Büchern, Filmen oder Musicals.
Die Vorlage zu seiner Geschichte aber stammte nicht aus Transsylvanien, sondern aus Wien, wo man gleich von zwei blutsaugenden Gräfinnen und einem Vampirjäger berichtet.

Erzsebet Gräfin Nadásdy, geborene Báthory

Weit eher als die arme Plainacherin entspricht die ungarische Gräfin Erzsébet Báthory (1560–1614) den Vorstellungen von einer echten

„Hexe“. Sie war, glaubt man den Quellen, eine der grausamsten Serienmörderinnen aller Zeiten, die jahrelang ungehindert ihre Verbrechen begehen konnte, bis am 30. Dezember 1610 eine Schar Bewaffneter in ihre Burg Csejte (Cachtice) eindrang. „Was sie vorfanden war ein Bild des Grauens. Im Hofe trafen sie auf sterbende Mädchen, von Nadeln durchbohrt, mit Wasser übergossen und zu Eissäulen gefroren. In den Kellergewölben fanden sie weitere Opfer, teils dem Tode nahe, schrecklich verstümmelt oder im Verließ auf den Tod wartend“, erzählt ein zeitgenössischer Bericht. Kaiser Matthias II. ließ die Verbrecherin in einem kleinen Zimmer ihrer Burg einmauern; bis zu ihrem Tod im August 1614 bekam sie durch ein kleines Loch in der Mauer das Essen zugesteckt. 613 Mädchen soll sie ermordet haben, etliche davon auch in ihrem Wiener Haus gegenüber der Augustinerkirche, Augustinerstraße 12, und das nur, um durch Bäder im Blut junger Frauen ihre Schönheit zu erhalten, die Leichen waren daher blutleer. An dieser Stelle muss aber auch darauf hingewiesen werden, dass es inzwischen Forscher wie den Briten Tony Thorne gibt, die an der Schuld der Gräfin zweifeln und hinter dem Prozess gegen sie eine perfide Intrige des Hauses Habsburg gegen die mächtige Magnatenfamilie der Báthorys vermuten.

Das nicht öffentlich zugängliche Haus in der Augustinerstraße wirkt noch heute ziemlich unheimlich, so als ob die Zeit stehen geblieben wäre.

Augustinerstraße 12: das Haus der Blutgräfin Erszébet Báthory, der grausamsten Serienmörderin aller Zeiten.

In diesem Kellerverlies schmachteten die Jungfrauen.

Eleonore Fürstin Schwarzenberg, geborene Lobkowitz

Das Palais der zweiten verdächtigen Dame auf dem Neuen Markt steht hingegen nicht mehr, es fiel dem Zweiten Weltkrieg zum Opfer, nur eine Tafel erinnert noch daran. Eleonore Lobkowitz (1682–1741) war die Gemahlin von Adam Franz Fürst von Schwarzenberg, der während einer Jagd auf seinen böhmischen Gütern von Kaiser Karl VI. eigenhändig „zur Strecke gebracht" wurde (man sagte ihm engste Beziehungen zur Kaiserin nach).

Eleonore dürfte an Porphyrie gelitten und recht eigenartig gelebt haben: Diese Krankheit erlaubt den Betroffenen nur ein Leben ohne Sonneneinstrahlung, daher schlief sie tagsüber und begab sich nur nachts ins Freie. Dies und der Mangel an roten Blutkörperchen ließ sie blass wie eine Tote aussehen, die Eckzähne vergrößerten sich abnorm und verstärkten diesen Eindruck. Natürlich konnte ihr kein Arzt helfen, sie nahm daher Zuflucht zu okkulten Ritualen, auch zu spiritistischen Sitzungen und zur Wahrsagekunst. An ihrem Hof lebten Alchemisten, Magier und Gelehrte. Da sie lange Zeit kinderlos gewesen war, hatte sie Wolfsmilch aus eigener Wolfszucht getrunken, wonach sie im Alter von 42 Jahren den lange ersehnten Erben Josef Adam gebar. Nach dem Tod ihres Gatten kam sie mit dem Halbwaisen nach Wien, damit der schuldgeplagte Kaiser sich um ihn kümmern konnte. Sie starb in Wien, ihr Leichnam wurde auf eigenen Wunsch geöffnet und das Herz entnommen.

War dies ein zivilisierter Ersatz für das Pfählen? Die Leichenöffnung

An dieser Stelle stand das Palais der „Vampirgräfin" Eleonore von Schwarzenberg.

und Entnahme des Herzens war allerdings beim Hochadel üblich, bei den Habsburgern ebenso wie beim Prinzen Eugen von Savoyen, und so mag dies auch gar nichts anderes als den Versuch bedeuten, den Leichnam etwas haltbarer für die noch am selben Tag begonnene Überführung nach Krumau zu machen. Denn merkwürdigerweise setzte man sie nicht in der Familiengruft der Schwarzenberg in der Wiener Augustinerkirche bei, sondern bestattete sie in Abwesenheit aller Familienmitglieder und der kirchlichen Obrigkeit in einer eigenen Gruft in der Krumauer St. Veitskirche, den Grabstein zieren weder Name noch Familienwappen.

Die Vampirgräber von Krumau

Vor nicht allzu langer Zeit machten Archäologen auf einem ehemaligen Friedhof von Krumau einige grausige Funde, es handelte sich offenbar um Vampirbestattungen. Den Toten war die Brust jeweils mit einem hölzernen Pfahl durchbohrt, die Augenlider mit Nadeln gespickt und der gesamte Leichnam mit Steinen beschwert worden. Der Kopf eines der Toten lag zwischen seinen Beinen, er hatte einen Stein in der Mundhöhle. Die Skelette stammten aus der ersten Hälfte des 18. Jahrhunderts, also genau aus der Zeit, als der Vampir-Glaube sehr verbreitet war. Im Schloss Krumau gibt es noch einige Gemälde aus Eleonores Besitz, die offensichtlich Szenen von Vampirismus und Magie zeigen. Eines der Gemälde wurde später übermalt. War Eleonore darauf vielleicht als Vampir dargestellt gewesen? Sie muss recht bekannt gewesen sein, daher diente sie höchstwahrscheinlich Gottfried August Bürger als Vorbild und Namensgeberin für seine 1773 entstandenen Ballade „Lenore", einem der ersten literarischen Werke über Vampire – „es reiten schnell die Toten".

Ein Kamerateam auf Vampirsuche

Die Krumauer Gruselgeschichten, gut vermischt mit Aberglauben, waren Thema einer Filmproduktion, die im Jahre 2008 auf ARTE und ORF 2 ausgestrahlt wurde. Dem Kamerateam gelang es, mittels einer Sonde in das fest verschlossene Grab Eleonores vorzudringen und das Innere zu fotografieren. Es war leer – bis auf ihr Herz. Ihre Gebeine waren außerhalb der Kirche verscharrt, genau wie die der anderen Vampire, die von den Archäologen auf dem Friedhof entdeckt worden waren. Geköpft, gepfählt, verbrannt und doch nicht umzubringen – der Wiedergänger gilt als Inbegriff des Horrors.

3. VAN SWIETEN – DER VAMPIRJÄGER

Maria Theresias hoch angesehener erster Leibarzt und Hofbibliothekar Gerhard van Swieten (1700–1772) wurde zum berühmtesten Vampirjäger aller Zeiten. Denn er war es, der Stoker als Vorbild für seinen Professor Van Helsing diente. Ab 1725 hatten den Wiener Hof immer wieder Berichte aus Serbien erreicht, dass Untote auferstehen und Krankheiten und Tod unter der Bevölkerung verbreiten würden, es sei deshalb sogar schon zu Massenfluchten gekommen. Die kaiserlichen Beamten genehmigten dort die Exhumierung von Leichen und die unheimlichen Rituale zur Tötung der Vampire. Sie schrieben wahre

Schauergeschichten nach Wien, die alles bestätigten, was man sich über die Blutsauger so allgemein zusammen reimte. *Vampyr* oder auch *Upyr* ist übrigens ein slavonisches (= wendisches) Wort und heißt soviel wie „Blutsauger". Die gruseligen Dokumente sind im Wiener Haus-, Hof- und Staatsarchiv einzusehen, diese Vampirakten erfreuen sich noch heute einer treuen Leserschaft – kein Wunder, wenn man sich einige Titel und Thesen dieser Akten vor Augen führt. So kommt ein *Unterthänigster Bericht über die Vampir oder Blutsauger. Wallachischer Sprache MOROI genannt* zu den Behauptungen:

1. *Das Militare ist von denen Vampiren frey.*
2. *Teitsche werden von denen Vampiren nit angefochten.*
3. *Die Furcht des Totes achtet kein Verbott.*
4. *Die Zeit, wo dießes Übel am stärksten Crassieret ist die Fastenzeit nach Weihnachten bis Ostern.*

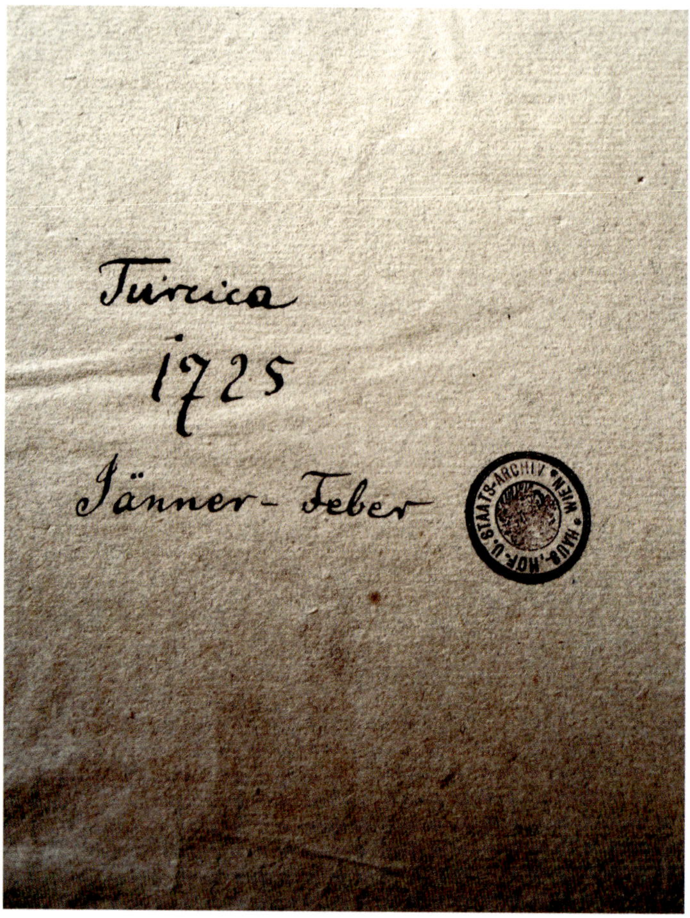

„Vampirakt" aus dem Jahr 1725 im Haus-, Hof- und Staatsarchiv (St.Abt. Türkei I/191, Konvolut 1725, fol. 25–26): „Copia des vom Herrn Frombald kayserlichen Cameral Provisore zu Gradiska im Königreich Servien erlassenen Briefes anno 1725. Die im Königreich Servien damals in Schwung gegangenen sogenannten vampiri oder Blutsauger betreffend."

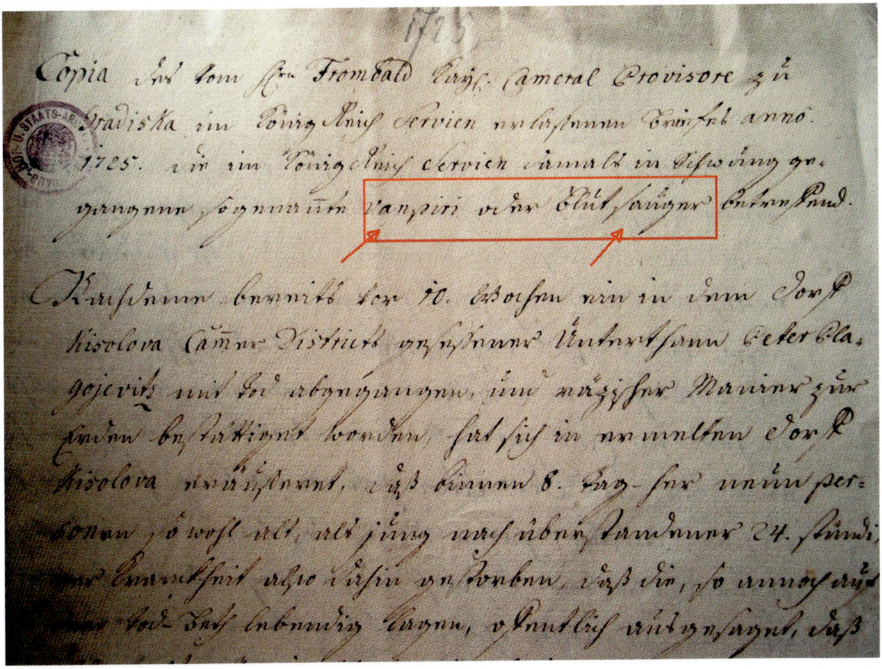

Als Maria Theresia um 1745 erfuhr, dass in Böhmen und in den Balkanstaaten eine regelrechte Vampirhysterie immer tollere Blüten trieb, beauftragte sie ihren vertrauten Leibarzt, an der Spitze einer Kommission zu untersuchen, ob es tatsächlich Vampire gäbe und wie man diese bekämpfen könne.

Der gebürtige Niederländer trat also die Reise an und berichtete der Monarchin nach seiner Rückkehr gar Schauriges. Seine „Anmerkungen über die vorgegebene Zauberey der Abgestorbenen, lateinisch Magia Posthuma" wurden im März 1755 in französischer Sprache in Wien verfasst und gedruckt. Bereits 1756 wurden sie ins Deutsche übersetzt. Darin kam er zum Schluss, dass es zwar keine Vampire gäbe, die Bevölkerung in Ungarn, Mähren, Polen und Schlesien jedoch felsenfest von deren Existenz überzeugt wäre. „Man meint, dass Untote, die schmatzend in ihren Gräbern liegen, Unglück verursachen. Die Bevölkerung versammelt sich bei Nacht und pfählt die exhumierten Leichen. Sie legen Steine auf die Zunge, damit das Schmatzen aufhöre …", berichtet schon Michael Ranft 1734 in seinem bemerkenswerten „Traktat von dem Kauen und Schmatzen der Todten in Grabern, worin die wahre Beschaffenheit derer Hungarischen Vampirs und Blut-Sauger gezeigt". Van Swieten behandelt in allen Details, wie sich die Leute einen Vampir denn so vorstellten: „Die Vampyren aber sind verstorbene Menschen, welche zuweilen später, zuweilen eher aus dem Grabe aufstehen, den Menschen erscheinen, das Blut aussaugen, an die Hausthüren ungestümm anklopfen, Getöse im Hause erwecken, und öfters gar den Tod verursachen sollen.“ Ebenso ausführlich erläutert er die üblichen Abwehrmaßnahmen: „Die Ceremonien, welche man dabey hat beobachten müssen, sind von dem Hadvagy oder Amtmanne des Orts angeordnet worden, welcher in vampyrischen Angelegenheiten ziemlich erfahren seyn mußte. Man stossete dem Vampyre einen sehr spitzigen Pfahl durch die Brust, und durch den ganzen Körper. Hierauf wurde ihm der Kopf abgehauen. Alles wurde verbrannt, und die Asche in die Grube zusammen gescharret.“ Oft waren ganze Friedhöfe von der Vampirjagd betroffen, denn man glaubte, „daß der Körper eines Vampyrs in kurzer Zeit alle diejenigen Körper zu Vampyren mache, welche nach ihm in eben demselbigen Kirchhof begraben werden, im Fall der erste nicht bei Zeiten vertilget werde.“

Der kluge Gelehrte fand bei seinen Untersuchungen heraus, dass zwei Komponenten beim Vampirglauben eine Rolle spielten: erstens das Vorkommen von Wachsleichen und zweitens hysterische Albträume. „Wenn man die Gräber ausräumt, so findet man zu Zeiten ganze Körper, welche nicht verfault, sondern vielmehr ausgetrocknet, von einer braunlichten Farbe sind, und noch sehr hartes Fleisch haben, ohne daß man sie jemal vorhero einbalsamiret hätte. Ein Todtengräber versicherte mich, daß man unter hundert Todten gemeiniglich einen findet, welcher nur ausgetrocknet und ohne Fäulung sey.“ Selbst die Körper zweier aus Brüssel nach Wien überführter Erzherzoginnen wiesen typische „Vampirzeichen“ auf, wie Van Swieten selbst gesehen hatte. Gelangt zu wenig Sauerstoff zu einer Leiche, so wird der Verwesungsprozess ganz wesentlich verlangsamt. Der Körper wird durch Faulgase aufgebläht, sodass er rosig und wohlgenährt aussieht. Die Gase breiten sich soweit aus, dass selbst rötliche Flüssigkeit aus den Körperöffnungen austreten kann. Durch das Pfählen werden die Gase ruckartig freigesetzt, wodurch ein Geräusch entsteht, das von furchtsamen Gemütern für einen Schrei des Vampirs gehalten wird. Ironie der Geschichte: Durch die Schriften Van Swietens, Calmets, Ranfts und Voltaires, die gegen den Vampirglauben verfasst worden waren, wurde dieser auch in Mittel- und Westeuropa bekannt und verbreitet.

Bald wurde jede unverweste Leiche für einen Vampir gehalten und schlimmstenfalls ausgegraben und gepfählt, geköpft und verbrannt, um nie wieder auferstehen zu können.

Der Vampir-Erlass der Kaiserin

Van Swieten berichtete von schrecklichen Vorkommnissen: „Man hat die Frey- und Sicherheit (Asylum) und die Ruhestätte des Grabes verletzt; man hat den guten Namen der Abgestorbenen, und ihrer Famili-

Die Grabplatte des berühmten „Vampirjägers" Gerhard van Swieten in der Georgskapelle der Augustinerkirche.

en geschändet, welche ein gleiches Schicksal zu gewarten hätten; wenn solche Misbräuche nicht abgeschaft würden. Man hat die todten Leiber unschuldiger Kinder, derer Seelen die ewige Glückseligkeit genüssen, dem Henker übergeben. Man hat die Söhne gezwungen (entsetzliche Sache) die Leiber ihrer Mutter dem Henker vorzuschleppen. So gar die Kreuze selbst (ein Zeichen, eine Erinnerung unserer Erlösung, die bey der Kirche so verehrungswürdig ist) die Kreuze, sage ich, sind nicht besser verurtheilet worden. Man hat sie schändlich und nur deßwegen verbrennet, weil sie auf den Gräbern dieser unglückseligen Schlachtopfer der Ignoranz, und des Aberglaubens gestanden sind."
Seine und die Berichte anderer Beamter über die häufigen Fälle von Grabschändung veranlassten Maria Theresia im Jahre 1755 zu einem Erlass: „Dem Volk wird vorgeschrieben, die Gräber zu verschonen und der Totenschändung ein Ende zu setzen!" Damit war der unappetitlichen Sache zumindest von Amts wegen ein Riegel vorgeschoben, nachdem die Vampire dreißig Jahre lang ihr Unwesen in den Köpfen der Untertanen getrieben hatten.

TIPP

1., Josefsplatz, Augustinerkirche. Grabmal des Gerhard van Swieten in der Georgskapelle, geöffnet Sonntag nach der Messe um 12:00.

1., Minoritenplatz. Haus-Hof-und Staatsarchiv. Geöffnet Montag–Donnerstag 10:00–18:00, Freitag 10:00–13:00.

4. DER LETZTE FREIER

1., Annagasse 16. Hotel Römischer Kaiser, Zimmer 18

Ungeklärt bis heute: Im Zimmer 18 des Hotels Römischer Kaiser in der Annagasse wurde die arme Mizzi Schmidt angeblich von einem Vampir getötet.

Ein Fall von Vampirismus trug sich angeblich im Hotel Römischer Kaiser in der Annagasse zu. Im Jahr 1913 wurde hier in der Nacht vom 28. zum 29. Juni die 26-jährige Nobelprostituierte Mizzi Schmidt erwürgt aufgefunden. Am Hals hatte sie Bissspuren, Einstiche von der Art, wie man sie aus Vampirfilmen hinlänglich kennt. Sie hatte ihren letzten Freier zuvor im Café de l'Europe getroffen. Tagsüber wohnte sie als vornehme Dame in einer eleganten, großen Wohnung mit Personal in der Rittergasse auf der Wieden, wo niemand etwas von ihrem Beruf ahnte. Sie verkehrte in seriösen Kreisen und war eine bekannte Persönlichkeit. Abends aber pflegte sie Freier aus der oberen Gesellschaftsschicht in den renommiertesten Lokalen zu treffen und mit ihnen dann ins nächst gelegene, teure Hotel zu gehen. So auch in jener Nacht, als sie auf den Mann mit den Vampirzähnen stieß. Die genauen Umstände des Verbrechens konnten nie geklärt werden. Wegen der Bisswunden glaubte man zuerst an einen Lustmord, dann stellt sich aber heraus, dass Mizzis Schmuck gestohlen war: ein goldenes Zug-Uhrenarmband mit einer Damenuhr, die am inneren Rand mit Diamanten besetzt war. Nach Angaben der Hotelbediensteten, die den Begleiter Mizzis gesehen hatten, sprach der Verdächtige Deutsch, er wurde als 25- bis 28-jähriger Mann beschrieben, mittelgroß, schlank, mit dunklem Anzug, braunem weichem Hut und besonders aufgefallen waren seine eleganten Lackschuhe. Für Hinweise zur Ausforschung des Täters wurde eine Belohnung von 1.000 Kronen ausgesetzt.

Die Polizei nahm zwar einen Verdächtigen namens Felix Kundgrabner, einen Studenten aus Mizzis Bekanntenkreis, fest, musste ihn aber mangels Beweisen wieder frei lassen. Er floh nach Frankreich, trat dort unter anderem Namen in die Fremdenlegion ein und wurde nach seiner Abmusterung 1926 in Marseille entdeckt. Trotz eines internationalen Haftbefehls wurde er als ehemaliger Legionär nicht an Österreich ausgeliefert. Niemand wird also je erfahren, warum und wie ihr letzter Freier der armen Mizzi die Bisse zugefügt hat.

Bei Recherchen im Hotel Römischer Kaiser erfuhren wir, dass es das Zimmer 18 nicht gibt. Das Hotel verfügt zwar über insgesamt 24 Zimmer, die Nummer 18 scheint jedoch merkwürdigerweise nicht auf. Warum, konnten wir nicht in Erfahrung bringen. Hat man nach dem mysteriösen Vampirmord die Nummerierung geändert oder wird das Unglückszimmer seither nicht mehr vermietet? Oder soll gar der Anschein erweckt werden, Zimmer 18 hätte es nie gegeben?

Literaturtipp: Richard Benda, Harald Seyrl, u. a.: Mörderisches Wien, Wien 1996.

HOTEL
HOTEL

5. MIASMEN UND BLUTENDE LEICHEN

1., Michaelerkirche. Gruft.

Ungewöhnlich aussehende Leichen gibt es gegenüber der Hofburg unter der Kirche St. Michael zu sehen. Die erste gesicherte schriftliche Erwähnung des Gotteshauses als Filialkirche von St. Stephan stammt von einem Pfarrer namens Gerhard von Siebenbürgen aus dem Jahr 1267. Sie unterstand keiner kirchlichen Ordensgemeinschaft und wurde als Hofpfarrkirche verwendet, die Gruft darunter und der umliegende Friedhof dienten etlichen Hofleuten als letzte Ruhestätte. Letzerer wurde bereits im Jahre 1508 auf Befehl Kaiser Maximilians I. geschlossen, worauf die Gruft ausgebaut wurde und sich mit ihrer Grundfläche von 832 Quadratmetern und 1.800 Kubikmetern Raumvolumen auch unter die umliegenden Häuser erstreckt. Sie wurde bis 1784 belegt, als Joseph II. alle Beerdigungen auf die Friedhöfe außerhalb der Stadtmauern verbannte. Man schätzt die Zahl der unter St. Michael ruhenden Toten auf ca. viertausend. Heute zählt man 20 geöffnete Einzelgrüfte, 213 Holzsärge, 33 Metallsärge, zwei mit Ziegeln vermauerte Kupfersärge und 23 Mumien mit Resten barocker Kleidung. Da stets für neue Leichen Platz benötigt wurde, zerlegte und verbrannte man kurzerhand die alten Särge und zerstampfte deren Inhalt mit Sand und Lehm vermischt auf dem Boden, diese Schichte ist eineinhalb Meter tief. Man spürt beim Gehen schaudernd die Knochen unter den Füßen.

Die Gruft gilt wegen der Mumien als Sehenswürdigkeit. Sie sind ganz ohne menschliches Zutun entstanden, nur durch den konstanten Luftzug, die konstante Temperatur in der Gruft und durch einen Pilz, der den frischen Leichnam überzog und austrocknete. Einige Särge stehen geöffnet, seit Napoleons Soldaten vergeblich wertvolle Grabbeigaben suchten. Viele sind zerfallen, vom Rüsselkäfer zerfressen, die Toten liegen auf den Resten der Holzplanken, die Kleider sind oft nur mehr modrige Lumpen, die Lederschuhe von Ratten angenagt. Manche der Toten haben Lederriemen um ihre Körper geschlungen, ein Zeichen der Zugehörigkeit zu einer alten Bruderschaft. Welch ein faszinierender Einblick in die barocke Lebensführung und Bestattungskultur! Doch ist die Gruft bedroht, die Feuchtigkeit steigt Besorgnis erregend an und der Schimmel breitet sich immer mehr aus.

Seit Jahren versucht man durch Entfeuchtung und Bekämpfung der Käfer der Zerstörung entgegen zu wirken, ein Team um Dr. Alexandra Rainer bemüht sich um Erhalt und Restaurierung, doch könnte nur eine Komplettsanierung der Krypta die Mumien vor dem Verfall retten.

Ungeziefer und Pilze

Wer in die Gruft hinabsteigt, nimmt zunächst nur den modrigen Geruch wahr, feucht, verschimmelt und gruselig. Doch dann hört man ein leises, stetiges, grausiges Schaben – Kleinstlebewesen, wie Diebskäfer und Staubläuse, machen sich am organischen Material zu schaffen. Als es noch keine elektrische Beleuchtung gab, stiegen die Menschen da nur voller Angst hinunter, der Luftzug brachte die Kerzen zum Verlöschen. Im Dunkeln tappten sie zum Ausgang zurück, stolperten über die Särge. Am meisten erschrak man aber über den roten Staub, der beim Betreten aufgewirbelt wurde und in der Dunkelheit wie getrocknetes Blut wirkte. Es handelt sich dabei um den bereits erwähnten parasitären Pilz namens „Hypha bombicina", der die Leichen binnen Jahresfrist pergamentartig austrocknete und ihre inneren Organe zu rötlichem Staub zerfallen ließ – wie rieselndes Blut.
Die Augenlider einiger Toter sind mit Kupfernadeln zugesteckt. Sollten sie so daran gehindert werden, sie je wieder zu öffnen? Hatte man Angst vor Wiedergängern? Vor den Miasmen, den Verwesungsdünsten der Leichen, hatte man jedenfalls Angst. Daher verschloss man die alten Grufteingänge in der Michaelerkirche und baute einen neuen Ausgang in den heutigen Pawlatschenhof von Kohlmarkt Nr. 11, außerdem grub man Verbindungsgänge, um die einzelnen Grüfte für Begräbnisse zugänglich zu machen, erzählt die Restauratorin. 1829 wurde schließlich eine Treppe außerhalb der Kirche in die Gruft gegraben, aus der Zeit stammen auch die unterirdischen Gänge zu den Nachbarhäusern.

TIPP
1., Michaelerkirche: Besichtigung der Gruft nur mit Führungen, täglich außer Sonn- und Feiertag 11:00 und 13:30.

6. LEBENDIG BEGRABEN

1., MINORITENPLATZ

Der Begriff „scheintot" ist in der modernen Medizin durch „vita minima" ersetzt worden. Klinisch Tote zu reanimieren, zählt heute zu den Routineaufgaben der Notärzte. Die Möglichkeiten, sofort nach Eintritt einwandfrei den Tod eines Menschen ohne moderne Apparate festzustellen, sind aber auch heute noch beschränkt. Die Diagnose wurde früher meist nur durch Tasten des Pulses und Beobachtung der Atmung mittels Flaumfeder oder Spiegel gestellt, auch brutale Methoden wie das Auflegen von glühendem Eisen in der Magengegend, war gängige Praxis. So konnte es schon vorkommen, dass man bei der Eile, die man an den Tag legte, gelegentlich Scheintote begrub.

Noch im Jahr 1904 gibt eine Londoner Statistik Schauriges kund, sie zählt 149 lebendig Begrabene, 219 dem voreiligen Begräbnis Entronnene, 10 lebendig Sezierte, 3 einer solchen Vivisektion Entronnene, 1 lebendig Verbrannten und 2 lebendig Einbalsamierte. Für Wien hat eine solche Statistik nur für frühere Zeiten Aussagekraft, da hierzulande die amtliche Totenbeschau bereits durch das kaiserliche Patent vom 26. August 1714 eingeführt wurde, ergänzt durch eingehendere Vorschriften aus den Jahren 1770 und 1784. Diese Regeln gehen bereits auf das 16. Jahrhundert zurück! Ohne amtsärztliche Untersuchung durfte in Wien niemand begraben werden. Außerdem mussten – außer bei Seuchengefahr – zwischen Tod und Begräbnis mindestens 24 Stunden liegen, damit sich Totenflecken und Steifigkeit als eindeutige Todesbeweise entwickeln konnten.
Trotz dieser Vorsichtsmaßnahmen sind aber auch in Wien Scheintote begraben worden, und statt den bedauernswerten Begrabenen, die aus den Särgen um Hilfe schrien, zu helfen, mögen sich manche Passanten bekreuzigt und ihr Heil in der Flucht gesucht haben. Dann erzählten sie ihren Nachbarn von Geistern und Gespenstern, die auf den Friedhöfen umgingen. Das Schicksal, lebendig begraben zu werden, versetzte viele Menschen in große Furcht:

„Wir wollen nicht auf bloßen Schein
Beseitigt und begraben sein!
Wir wollen, alle Wetter auch,
Nicht halten an dem dummen Brauch,
Dass man mit uns zur Grube rennt,
Als wenn man's nicht erwarten könnt!"

Diese Zeilen stammen aus dem Gedicht „Das scheintote Kind" von Frederike Kempner (1836–1904). Sie war die Tochter eines Rittergutbesitzers und setzte sich für Maßnahmen zur Rettung Scheintoter ein. Eine solche Maßnahme war der Herzstich, eine andere stellt ein sonderbares Rettungsgerät dar, das man im Wiener Bestattungsmuseum sehen kann.

Rettungswecker für Scheintote

Trotz Totenbeschau und Protokoll hatte auch der Dichter und Schauspieler Johann Nestroy eine panische Angst davor, lebendig begraben zu werden: „Die medizinische Wissenschaft ist leider noch in einem Stadium, dass die Doktoren, selbst wenn sie einen umgebracht haben, nicht einmal gewiss wissen, ob er tot ist, der Patient." Daher wollte er unbedingt auf dem Währinger Friedhof beigesetzt werden, denn dieser verfügte über einen „Rettungswecker".

Dabei handelt es sich um eine im Jahr 1828 entwickelte Apparatur mit einer Glocke, die dann zu läuten begann, wenn ein Aufgebahrter zum Leben erwachte, sich bewegte. Eine um Zehen oder Finger gebundene Schnur verband die Leichen (Selbstmörder ausgenommen) mit einer Glocke im Zimmer des Friedhofswärters. Dem Friedhofswärter wurden für den Fall, dass die Glocke anschlug, höchst wirksame Mittel zur Verfügung gestellt, um die arme Seele wieder ins Leben zurück zu geleiten. Zunächst musste er stets ein Werkzeug, seinen „Taschenfeitl", bei sich tragen, um notfalls einen Sargdeckel aufstemmen zu können. Dem wieder Erstandenen sollte er Salmiakgeist unter die Nase halten, seinen Kreislauf bei Bedarf mit Klistierspritzen, Aderlass und Blutegeln anregen, ihm feurigen Wein einflössen. Zu guter Letzt sollte er ihm einen Flanellmantel und einen Schlafsessel anbieten.

Rettungswecker gegen Scheintod (1928, Replik), Bestattungsmuseum Wien

Der Scheintote vom Minoritenplatz

Der damalige Leiter der archäologischen Abteilung des WienMuseums Reinhard Pohanka berichtete im Jahr 1986 über einen gruseligen Skelettfund unter der Minoritenkirche anlässlich des U-Bahnbaus. „Insgesamt entdeckte man in der Krypta der Kirche 92 Bestattungen aus der Zeit des 16. Jahrhunderts. Sämtliche Skelette befanden sich in Originallage, das ist auf dem Rücken liegend mit dem Gesicht nach Osten, die Arme über der Brust gekreuzt. Auffallend präsentierte sich jedoch Grab I/86, dessen Oberkante nur 20 cm, die Unterkante nur 60 cm unter dem Erdstampfboden lag." Es handelte sich um das Skelett eines etwa 35-jährigen, 170 Zentimeter großen Mannes, das sich in einer höchst eigenartigen Position befand: in Bauchlage, das Gesicht nach unten, Arme und Beine angewinkelt, das Rückgrat stark verkrümmt. Die Vermutung liegt nahe, dass hier ein Scheintoter begraben wurde, der dann nach seinem Erwachen verzweifelt versuchte, sich aus der misslichen Lage zu befreien – und dem das offenbar nicht gelungen war. Ähnliche Skelettfunde sind auch andernorts schon gemacht worden.

Lebendig Eingemauerte kamen hier qualvoll ums Leben: das Verlies unter dem Schulhof

Zur Strafe eingemauert

Durch diesen Spalt erhielten lebendig Eingemauerte Nahrung und Getränke.

Männer wurden eher selten lebendig eingemauert oder begraben, außer im Krieg oder wenn sie einen Grenzstein versetzt hatten: Gefesselt in eine Grube gestellt und mit Erde bedeckt, diente der herausragende Kopf dann als makabrer, neuer Grenzstein. Schon in der Antike war das lebendig Begraben aber eine bevorzugte Hinrichtungsart für

Frauen von Stand, so für römische Vestalinnen, wenn sie gegen das Gelübde der Keuschheit verstoßen hatten. Sie mussten in eine unterirdische Kammer steigen, die dann verschlossen und der Zugang mit Erde zugeschüttet wurde. Adelige Missetäterinnen mauerte man im Mittelalter und selbst in der frühen Neuzeit in Turmgemächer ein, vermied man damit doch jeden öffentlichen Skandal und jede Schande für die Familie – so geschehen wie bereits geschildert mit der „Blutgräfin" Erszébet Báthory.
Meist handelte es sich bei den zum Tod durch Einmauern verurteilten Frauen um Ehebrecherinnen, über welche die eigene Familie das Urteil gesprochen hatte. In der Stadt konnte die Strafe des Einmauerns in Grüfte oder Mauernischen aber auch Bürgerinnen und Giftmischer treffen. Gelegentlich wurde zwischen den Ziegeln noch ein Spalt frei gelassen, durch den man der Betroffenen Nahrung und Wasser reichen konnte, was das qualvolle Sterben aber nur hinauszögerte. In einem Wiener Keller am Schulhof ist noch ein derartiges Verlies zu sehen, wo lebendig Eingemauerte vermutlich ihr Leben aushauchten. Ein kleines Luftgitter und eine doppelte Wand weisen darauf hin. Diese schaurige Hinterlassenschaft verursacht blanken Horror und ist daher nicht öffentlich zugänglich.

7. DER GRAF VON SAINT GERMAIN

Wiedergänger sind Menschen, die zwar gestorben sind, aber danach wieder lebendig auf Erden weilen, oder Menschen, die scheinbar niemals sterben, die ewig leben, und deren Existenz über Jahrhunderte hinweg bezeugt wird. Sie scheinen ein Mittel gefunden zu haben, das sie nie altern lässt, das Elixier des ewigen Lebens, und das ihnen die Möglichkeit gibt, durch die Zeit zu reisen. Sind die Wiedergänger also Geist-Phantome von Verstorbenen? Oder haben sie ihren Tod vorgetäuscht und leben in Wahrheit ewig? Wie kann man sich ein Jahrhunderte währendes Leben erklären?

Eine faszinierende Gestalt

Der wohl berühmteste Wiedergänger aller Zeiten ist der Graf von Saint Germain, ein Diplomat, Gelehrter und Abenteurer, über dessen Person man wenig Konkretes weiß. Umso mehr sind seine Herkunft, sein Geburtsdatum und sein Geburtsort von Legenden umgeben, die nicht ohne seine Mitwirkung entstanden sind. Nicht einmal sein Name ist gesichert, denn neben „Saint Germain" verwendete er etwa achtzig weitere Namen als Pseudonyme. Auch die Herkunft seines Reichtums ist nicht geklärt. Höchstwahrscheinlich war er die Frucht eines fürstlichen Seitensprungs, vielleicht der heimliche Sohn der Witwe König Karls II. von Spanien oder des Königs von Portugal. Die Vermutung, er könne ein Sohn des siebenbürgischen Fürsten Franz II. Rákóczi und dessen Gemahlin, der deutschen Prinzessin Amalie Charlotte von Hessen-Rheinfels, gewesen sein, geht wohl auf seine eigene Behauptung zurück. Er war überaus gebildet und verkehrte in den allerhöchsten Kreisen, selbstverständlich war er der damaligen Mode folgend Mitglied aller Geheimgesellschaften, der Freimaurer, Rosenkreuzer und Illuminaten. Er beherrschte die meisten europäischen Sprachen fließend, auch viele andere sollen ihm von Reisen nach Indien, China und Ägypten her geläufig gewesen sein. Er spielte mehrere Instrumente, sang und komponierte. Als Alchemist verstand er sich auf die Herstellung von Arzneien, im Besonderen auf die Produktion jenes Elixiers, das auf wundersame Weise den Alterungsprozess aufhalten sollte. Dieses Wundermittel machte ihn vor allem bei der Damenwelt höchst beliebt. Auch der Wiener Arzt Franz Anton Mesmer, dessen unheimliche Experimente in seinem Palais in Wien-Landstraße an anderer Stelle dieses Buches beschrieben werden, soll ebenso wie Cagliostro sein Schüler gewesen sein.

Der berühmte Alchemist ging wiederholt in die Literatur ein. In jüngerer Zeit war es der österreichische Romancier Alexander Lernet-Holenia, der 1960 den Roman „Der Graf von Saint Germain" veröffentlichte. Auch der Erfolgsautor Peter Krassa, der gerne als „Däniken von Österreich" bezeichnet wird, befasste sich in seinem 1998 erschienenen Buch „Der Wiedergänger – Der alles weiß und niemals stirbt" mit ihm. Anlässlich seiner Buchpräsentation im April 1998 versuchte Krassa in der ORF-Produktion „Am Schauplatz", den Spuren des Grafen von Saint Germain in Wien zu folgen. Dessen Aufenthaltsorte in verschiedenen Adelspalais und sogar der Keller des geheimnisvollen ehemaligen Alchemistenlabors in Wien-Landstraße, wo Saint Germain einst das „Unsterblichkeitselixier" hergestellt haben soll, konnten gefilmt werden.

Die erste Begegnung mit einem späteren Mitglied des Wiener Hofes könnte er schon 1735 gehabt haben, als er am Freimaurer-Kongress in Den Haag teilnahm: Franz Stephan von Lothringen, damals noch Bräutigam Maria Theresias, könnte ebenfalls dort gewesen sein. Da der Graf offenbar enge Beziehungen zu Florenz hatte, mag diese Bekanntschaft während der Regierungszeit Franz Stephans als Großherzog von Toskana vertieft worden sein. Im Jahr 1745 führten die Wege des Grafen dann nach Wien, wo er auch unter dem Namen Gua de Malva auftrat. Er logierte bei seinem Gönner und großzügigen Gastgeber, Prinz Ferdinand von Lobkowitz, in dessen Palais. Die beiden Männer hatten einander in England als Freunde der Freimaurerei und Alchemie kennen gelernt. Im Jahr 1747 erhielt der Graf von Kaiserin Maria Theresia den

Das Palais Lobkowitz: Hier logierte der Graf von Saint Germain im Jahr 1745.

geheimen Auftrag zu Friedensgesprächen mit dem Herzog von Cumberland auf dem Kriegsschauplatz in Flandern, was er zu ihrer Zufriedenheit erledigte. Zum Dank schenkte sie ihm ihr Porträt und einen kostbaren Ring, verlieh ihm einen hohen Orden und den Titel eines Reichsgrafen von Mailand. Am 18. Oktober 1748 wurde der Friede zu Aachen geschlossen. Der französische Dichter Voltaire schrieb am 15. April 1760 an den preußischen König Friedrich II.: „Man sagt, dass das Geheimnis des Friedens nur von einem gewissen Herrn von Saint Germain gekannt werde, welcher ehemals mit den Vätern des Konzils soupiert habe. Das ist ein Mann, der niemals stirbt und alles weiß!"
Auch Graf Philipp Cobenzl, der österreichische Gesandte in Belgien, war tief beeindruckt von dem ungewöhnlichen Mann. Er bemerkte über ihn am 25. Juni 1763 in seinem Tagebuch: „Er ist Dichter, Musiker, Schriftsteller, Arzt, Physiker, Chemiker, Mechaniker und ein gründli-

In diesem Haus in Wien-Landstraße soll der Graf von Saint Germain noch im Jahre 1908 gesichtet worden sein.

cher Kenner der Malerei. Kurz, er hat eine universelle Bildung, wie ich sie noch bci keinem Menschen fand. Er ist der außergewöhnlichste Mensch, den ich jemals gesehen habe." Doch waren nicht alle Zeitgenossen von den Talenten des geheimnisvollen Fremden gleichermaßen fasziniert. Der österreichische Staatskanzler Fürst Wenzel Anton von Kaunitz (1711–1794) bezeichnete ihn in einem Brief an Cobenzl als Scharlatan: Er sei berüchtigt und ein törichter Prahler.
Der Wiedergänger Saint Germain dürfte am 27. Februar 1784 in

Eckernförde in Schleswig-Holstein verstorben und dort begraben worden sein, das Grabmal ging in einer Sturmflut verloren. Sonderbarerweise wurde er aber auch nach diesem Datum immer wieder gesehen, unter anderem von Königin Marie Antoinette und von adeligen Mitgliedern von Freimaurer- und Rosenkreuzerzirkeln. So soll er ein Jahr nach seinem Tod beim Freimaurerkongress in Wilhelmsbad und in Paris gewesen sein, und in den Jahren zwischen 1787 und 1790 mehrere Male in Wien gesichtet worden sein, wo er angeblich verschiedene Gesinnungsfreunde, größtenteils Freimaurer bzw. Rosenkreuzer, besuchte. Auch in den Tagebüchern Marie Antoinettes (1755–1793) aus dem Jahr 1793 wird sein Name erwähnt. Die Tochter der Kaiserin Maria Theresia bedauerte darin, nicht seinem Rat gefolgt zu sein, denn er habe sie vor der blutigen Französischen Revolution gewarnt. Im Jahre 1850 veröffentlichte Friedrich Bühlau in Leipzig eine Sammlung „verborgener und vergessener Merkwürdigkeiten“, in welcher er über einen neuerlichen Besuch des untoten Grafen in Wien erzählte. Am 12. Januar 1908 berichteten die „Reichspost“ und am 1. März 1908 das Freimaurer-Wochenblatt „Der Zirkel“ über diesen Wien-Besuch des Grafen, der damals im Laszlo-Haus am Lugeck, dem „Federlhof“, abstieg. Dort kannte man ihn nur als „Amerikaner“, weil er stets fesselnd über das Land der unbegrenzten Möglichkeiten sprach. Bald nach seiner Ankunft suchte er angeblich ein Laboratorium im heutigen dritten Wiener Gemeindebezirk auf, das sich damals auf der Landstraße hinter dem Krankenhaus befand und den Rosenkreuzern gehörte. Saint Germain begegnete dort dem bekannten Wiener Buchhändler, Alchemisten und Freimaurer Rudolf Gräffer (1734–1817) und seinem Kompagnon Baron Linden. Der Graf führte verblüffende Experimente orientalischer Wissenschaft vor und überraschte seine Gastgeber mit einer unerwarteten Kostprobe seines Wissens. Er habe damals geäußert, er müsse sich in den Himalaya zurückziehen und würde nach 85 Jahren nach Europa zurückkehren. Rudolf Gräffers Nachfahre Franz überliefert in den 1845 erschienenen „Kleinen Wiener Memoiren“ den genauen Wortlaut: „Ich scheide. Enthalten Sie sich, mich zu suchen. Einmal werden Sie mich noch sehen. Morgen Nacht reise ich; man bedarf meiner in Constantinopel, dann England, wo ich zwey Erfindungen vorzubereiten habe, die Sie im nächsten Jahrhundert haben werden: Eisenbahnen und Dampf-

Im Alchemistenlabor in Wien-Landstraße soll der berühmte Graf magische Zaubertränke hergestellt haben.

schiffe. In Deutschland wird man deren bedürfen, denn die Jahreszeiten werden allmählich ausbleiben. Zuerst der Frühling, dann der Sommer. Es ist das stufenweise Aufhören der Zeit selber, als die Ankündigung des Unterganges der Welt. Ich sehe alles. Die Astronomen und Meteorologen wissen nichts, glauben Sie mir. Man muss in den Pyramiden studiert haben, wie ich. Gegen Schluss des Jahrhunderts [gemeint war das 18.] verschwinde ich aus Europa und begebe mich in die Region des Himalaya. Ich muss rasten, mich ausruhen. Aber in einigen Jahrzehnten werde ich wieder von mir hören lassen. In genau 85 Jahren werden die Menschen ihren Blick wieder auf mich richten. Lebet wohl, meine Freunde, ich liebe euch!"

Nichts blieb vom Alchemistenlabor. Die Keller sind verfallen, die Geräte verrostet, Flaschen zerbrochen.

Sogar in unserer Zeit soll er immer wieder aufgetaucht sein, zuletzt im französischen Fernsehen, wo er vor laufender Kamera Gold erzeugte. Vor wenigen Jahren erhielt der österreichische Tonbandstimmenforscher Karl Lamprecht aus Deutschlandsberg in der Steiermark eine kryptische Mitteilung anlässlich einer seiner Einspielungen von Stimmen Verstorbener. Demnach sollen sich sowohl das Grab als auch der Totenkopf des Grafen von Saint Germain auf einem Friedhof in Niederösterreich befinden. Im Jahr 2015 werde der berühmte Unsterbliche wieder auf Erden erscheinen. Das war die vorerst letzte Rückmeldung des berühmtesten Wiedergängers aller Zeiten. Am 10. Oktober 2010 fand in Hamburg der Saint Germain-Zukunftskongress statt. Über den Weg des „Channeling" versuchte man mit dem berühmten Phantom Kontakt aufzunehmen.

Folgende Doppelseite: Stehen wir unter Beobachtung von UFOs?

III. Kapitel

Unheimliche Begegnungen

1. DIE AUSSERIRDISCHEN KOMMEN: UFO ÜBER WIEN

Heute glaubt zwar keiner mehr an Hexen, Wiedergänger oder Vampire, dafür aber an modernere Formen von Geistwesen, unter anderem an außerirdische Wesen. So berichtet der Kurier am 17. Mai 1998 von

UFOs über Penzing. Eine offenbar höchst wandlungsfähige „Licht-Erscheinung“ löste eine Art UFO-Alarm aus. Groß oder klein, eckig oder rund, aber auf jeden Fall grell orange leuchtend, zogen vier verdächtige Lichterscheinungen vom Wilhelminenberg über die Baumgartner Höhe in Richtung Lainzer Tiergarten. Am eindrucksvollsten erlebten Matthias F., 24, und seine Freundin Heidi, 18, aus Wien-Ottakring das Phänomen. Das junge Paar hatte gegen 23.30 Uhr einen

Wurden UFOs über Wien gesichtet?

Freund beim elterlichen Wohnhaus auf der Baumgartner Höhe abgeliefert. Da passierte es: „Plötzlich sahen wir drei Lichtkörper auf uns zuschweben, sie hielten an, dann erschien ein viertes Objekt und kam noch näher. Es hatte mindestens 50 Meter Durchmesser, man konnte eine Plattform erkennen", schilderte die junge Dame das Erlebnis ... Dem vor Ort lebenden Freund, dessen Vater und einem weiteren Zeugen kamen die Dinger weit kleiner, wenngleich durchaus eindrucksvoll vor. Etwa gleichzeitig verblüffte die „UFO-Parade" auch einen in der Hütteldorfer Straße wohnhaften Juristen samt Nachbarschaft. Hier machten die Beobachter allerdings eckige Formen aus.
Den Behörden inklusive den Luftraumüberwachern der Austria Control war das Ereignis bedauerlicherweise gänzlich entgangen. Zwei Tage später meldete der Kurier ein Video, das eine rätselhafte Lichtkugel über Wien zeigte. Nachträglich stellte sich heraus, dass es sich bei den UFOs um AIDS-Gedenkballons handelte.

Begegnung der dritten Art im Marchfeld

Vor etwa 30 Jahren sammelte ein gewisser Herr Rathammer aus Wien eine Schar Gleichgesinnter um sich. Es war eine auserwählte Gruppe, der es vergönnt sein sollte, unter seiner Führung außerirdische Besucher in ihren UFOs landen zu sehen. Schauplatz der Begegnung sollte das Marchfeld am nördlichen Stadtrand von Wien sein. Allwöchentlich traf man sich zunächst in einer Wiener Wohnung, wo man in die überlegene Technologie der Außerirdischen eingeweiht wurde. Danach ging es gemeinsam ins Marchfeld zur tatsächlichen Kontaktaufnahme. In der Tat landeten jedes Mal UFOs, *unsichtbare* fliegende Objekte, die sich auf Grund der äußersten Geheimhaltung und mittels ihrer überlegenen Technologie nur Herrn Rathammer zeigten. Dieser übersetzte seinen staunenden und ergriffen lauschenden Anhängern die geheimen Botschaften der außerirdischen Besucher. Es braucht wohl nicht näher erwähnt zu werden, dass auch die Außerirdischen selbst so unsichtbar waren wie ihre Raumschiffe, denn ein uneingeweihtes Auge hätte den furchteinflößenden Anblick wohl nicht verkraftet. Diese Treffen mit den Aliens erstreckten sich über mehrere Jahre.
Ein anderer E.T.-Gläubiger, ein Gastwirt, baute in Kautzen im nördlichen Waldviertel nahe der bekannten Steinformation „Skorpion" sogar eine Landebahn für UFOs, die es heute noch gibt. Ob Außerirdische aber jemals dort gelandet sind, entzieht sich leider der Kenntnis der Autorin.

2. MEN IN BLACK UND „GRAUER BOTE“

Seit einigen Jahrzehnten kursieren auch bei uns unheimliche „Men in Black“-Geschichten. Als „Männer in schwarz“, abgekürzt MIB, werden sonderbare Gestalten bezeichnet, die unbescholtenen Bürgern gern einen geheimnisvollen Besuch abstatten. Meist handelt es sich dabei um drei Männer, die schwarz gekleidet und mit dunkler Sonnenbrille auf der Nase in den Häusern jener Menschen erscheinen, die den Behörden eine UFO-Sichtung oder gar eine Begegnung mit Außerirdischen gemeldet hatten (ganz wie im gleichnamigen Film). Auch Erfinder neuartiger Flugobjekte und Entdecker und Wissenschaftler auf dem Gebiet der alternativen Energie sollen ihren Besuch erhalten haben. Die MIB fahren meist in schwarzen Limousinen vor, versuchen, die Betroffenen mit Drohungen einzuschüchtern und verpflichten sie zu absolutem Stillschweigen. Dann verschwinden sie ebenso unauffällig wie sie erschienen sind. Die Betroffenen sind danach so eingeschüchtert, dass sie meist gar nicht darüber sprechen können oder wollen, wenn sie nicht sogar verschwunden sind oder Selbstmord begangen haben. Die MIBs gehen angeblich über Leichen.

Der Wiener Mystery-Autor Peter Krassa (1938–2005) untersuchte das Phänomen der „Schwarzen Männer“ und konnte in allen Berichten einige gemeinsame Merkmale finden: Die finsteren Typen bewegen sich merkwürdig steif, fast roboterhaft, sie nehmen ihre Sonnenbrillen auch in geschlossenen Räumen nie ab und legen ihre schwarzen Mäntel ebenso wenig ab. Die Scheiben der Limousinen sind verdunkelt, sodass man den Fahrer nicht erkennt. Wegen ihres merkwürdigen Verhaltens sollen sie schon von der Polizei angehalten worden sein, worauf sie sich in Luft auflösten, wie Krassa berichtet. Er „kommt zu dem Schluss, dass die ‚Herren in Schwarz‘ einem geheimen Plan nachgehen, der für die Menschheit von erschreckender Bedeutung sein könnte“.

Nun könnte man meinen, solches passiere nur in den USA, dem Land der Verschwörungstheorien. Krassa dokumentierte jedoch in seinen Büchern „Phantome des Schreckens“ (1980) und „Men In Black“ (2004) unter anderem auch Fälle von MIB-Begegnungen in Wien. „Men in Black“ war übrigens Krassas letztes Werk. Nachdem er 1980 begonnen hatte, sich mit dem Thema zu beschäftigen, befiel ihn eine chronische Darmerkrankung unerklärlicher Herkunft. Er selbst scherzte noch über diesen merkwürdigen Zufall im Schlusskapitel des Buches „Phantome des Schreckens“: „Übrigens seltsam: Seit ich an diesem Buch arbeite plagt mich eine rätselhafte Darmerkrankung. Seit Monaten. Sie kam plötzlich ohne Vorwarnung. Unwillkürlich beginnt man nachzudenken. Es werden doch nicht...?“ Die Krankheit erwies sich als therapieresistent und führte zu seinem frühen Tod.

Dem indischen Palmblattorakel zufolge, das Krassa 1993 konsultiert hatte, hätte er noch 15 Jahre Lebenszeit vor sich gehabt, starb also drei Jahre zu früh.

„Schwarze Männer" in Wien

In einem seiner viel besuchten Vorträge beschrieb Peter Krassa den Fall eines Wieners, der eine UFO-Sichtung bei der Polizei meldete. Einige Tage nach seiner Meldung fuhr eine schwarze Limousine bei seinem Haus vor, der drei schwarz gekleidete Männer entstiegen. Sie statteten dem Wiener Augenzeugen einen Besuch ab, bei dem sie sich als Regierungsbeamte auswiesen. Sie kämen von der Luftfahrtsbehörde und würden den Fall untersuchen, erklärten sie. Sie ließen sich die UFO-Sichtung minutiös schildern, mit allen Details des Luftfahrzeuges und der außerirdischen Wesen, die dem UFO angeblich entstiegen seien. Anschließend wurde der Zeuge zum Schweigen verpflichtet. Er war so gefährlich bedroht worden, dass er einen Kollaps erlitt und sich in Spitalspflege begeben musste. Davon erholte er sich nicht mehr und verstarb wenig später. Die geschockten Hinterbliebenen versuchten nun, die Identität der unheimlichen Herren zu eruieren. Es stellte sich heraus, dass es in Wien keine solche Behörde gibt, die UFO-Meldungen untersucht, geschweige denn Beamte aussendet, welche die Bürger zu ihren Erlebnissen befragt. Namen und Ausweise der obskuren Männer waren offenbar gefälscht. Interessanterweise existierte nicht einmal mehr das Protokoll, das jener verstorbene Wiener nach seiner UFO-Meldung bei der Polizei unterschrieben hatte.
Eine unheimliche MIB-Begegnung soll auch der Wiener Sachbuch-Autor Gerhard Steinhäuser (1920–1989) gehabt haben. Krassa bezieht sich dabei auf die Erzählungen seines Freundes und auf dessen bislang unveröffentlichtes Archiv, das ihm dessen Witwe zugänglich gemacht hatte. Steinhäuser beschäftigte sich Zeit seines Lebens mit der UFO- und Zeitreisen-Thematik, er recherchierte für seine Bücher in Archiven und bei Behörden, wobei er kein Thema ausließ außer einem: Den Geschichten über die „Men in Black" ging er beharrlich aus dem Weg, denn er fühlte sich selbst von ihnen bedroht, wie er Krassa anvertraute. In den 1980er Jahren machte die Familie mit einem neu erworbenen Wagen einen Sonntagsausflug auf den Kahlenberg. Steinhäusers Frau chauffierte, er und zwei der Kinder saßen hinten. Plötzlich bemerkte er, dass sie von einem schwarzen Rolls-Royce verfolgt wurden. Die Frau versuchte zu beschleunigen, das Fahrzeug kam jedoch gefährlich immer näher. Sie gewahrten schwarz gekleidete Männer mit dunklen Sonnenbrillen und schwarzen Hüten darin. Die Verfolgungsfahrt wurde ihnen unheimlich, sie fühlten sich bedroht, versuchten einige Fahrmanöver. Die schwarzen Männer blieben ihnen jedoch auf den Fersen, bis sie sie

plötzlich durch ein riskantes Überholmanöver von der Fahrbahn drängten. Frau Steinhäuser konnte den Wagen gerade noch im letzten Moment abfangen, sonst wäre er über den Abhang der Höhenstraße gestürzt. Die schwarze Limousine raste indes unvermindert weiter. Die geschockte Familie war heilfroh, den wie Roboter wirkenden, schwarz gekleideten Männern, entkommen zu sein, das schreckliche Erlebnis sitzt ihr aber bis heute in den Knochen.
Die Autorin kontaktierte den ältesten Sohn, Ekkehard Steinhäuser, der zwar nicht selbst an der unheimlichen Fahrt teilgenommen hatte, die Begebenheit jedoch gemäß seiner Erinnerung an die Erzählungen seiner Familie bestätigte. Sein Vater habe nicht an einen Zufall geglaubt sondern sei überzeugt gewesen, eine Warnung erhalten zu haben.

Die unheimliche Limousine

In Wien soll auch in jüngster Zeit gelegentlich eine merkwürdige schwarze Limousine gesichtet worden sein. Der Wagen ist angeblich verdunkelt, der Fahrer daher nicht erkennbar. Er soll wiederholt über die Wiener Ringstraße gefahren sein und vor einem Ringstraßen-Hotel geparkt haben. Das Kennzeichen soll einer magischen Beschwörungsformel ähneln, aus verständlichen Gründen kann es hier nicht wiedergegeben werden. Könnte es sich hier um einen Wagen der geheimnisvollen schwarzen Männer handeln?

Der „Graue Bote" bei Mozart

Das Erscheinen der schwarzen Männer ist allerdings kein modernes Phänomen, solche finsteren Gesellen gab es anscheinend schon vor 220 Jahren, im Wien des Jahres 1790: Am 15. Juli erschien ein geheimnisvoller, in düsteres Grau gekleideter Bote bei Wolfgang Amadeus Mozart (1756–1791) in der Rauhensteingasse 8. Er gab ein Musikstück in Auftrag, ein Requiem für einen verstorbenen Freund seines Herrn, eines ungenannt bleiben wollenden Adeligen. Wer der Bote war und woher er kam, blieb Mozart also verborgen. Heute weiß man, dass es sich bei dem Auftraggeber um den Grafen Franz Walsegg-Stuppach handelte, der den Mittelsmann geschickt hatte. Aber um wen handelte es sich bei dem unheimlichen „Grauen Boten" selbst?
Mozart war fortan jedenfalls von seinem eigenen nahen Tod überzeugt, er meinte, das Requiem für sich selbst zu komponieren. Es blieb unvollendet, Mozart starb am 5.Januar 1791, die Todesursache ist bis heute nicht geklärt. Bereits kurz nach seinem Ableben verbreiteten sich Gerüchte über jenen unheimlichen „Grauen Boten". In einem Artikel in der Allgemeinen Musikalischen Zeitung von 1798, also noch vor dem

Erstdruck der Partitur, beschreibt Johann Friedrich Rochlitz den „Grauen Boten“ als einen Boten aus dem Jenseits, der gekommen war, Mozarts nahes Ende anzukündigen. Wurde Mozart vielleicht ein Opfer der Men in Black?

TIPP
Die beiden Originale von Mozarts Requiem, eine Arbeits- und eine Abgabepartitur, befinden sich in der Österreichischen Nationalbibliothek. Sie gehören zum Kostbarsten, das die Bibliothek besitzt. Aus konservatorischen Gründen werden sie nur bei Sonderausstellungen gezeigt.

3. „E.T.“ AUS ATZGERSDORF

Unglaublich aber wahr: Der zweitgrößte Friedhof von Wien nach dem Zentralfriedhof ist das Naturhistorische Museum. Dort lagern in der Anthropologischen Abteilung 35.000 Skelette, Knochen- und Schädelfunde von der Steinzeit bis zur Neuzeit. Die gruseligsten Objekte darunter sind wohl die turmartig deformierten Schädel, die für jeden Pathologen hochinteressant sind. Schädeldeformierungen durch künstlichen Eingriff sind weltweit anzutreffen, vom Kongo über Ägypten bis nach Peru oder Ozeanien, von Mittel- und Südamerika bis hin zu den Inseln der Südsee. Und wie einige rund 60.000 Jahre alte Schädel von Neandertalern beweisen, wurde der Brauch auch in Europa ausgeübt.

Schädeldeformation – ein grausames Schönheitsideal?

Im 5. Jahrhundert nach Christus dürfte dieser Brauch bis ins Wiener Becken vorgedrungen sein. Deformierte Schädel wurden in Wien – Atzgersdorf und im niederösterreichischen Weinviertel gefunden. Was veranlasste die Menschen, in einer grausamen und lange andauernden Prozedur ihre Kinder auf diese Art und Weise zu entstellen oder zu „schmücken“, je nachdem wie man es sieht? Galt die Deformation als Schönheitsideal oder bewies sie die Zugehörigkeit zu einer speziellen sozialen Schicht? Die Skelettfunde weisen keine krankhaften Veränderungen der Knochen auf, also muss es sich um einen künstlichen Eingriff handeln. Kam der Brauch mit den Hunnen zu uns?
Das weltweite Auftreten dieser Gewohnheit spricht eher gegen die Theorie, dass es sich um einen „Modetrend“ gehandelt habe. Ein sozialer Grund kann ebenfalls nicht gelten, da ein solcher lokal begrenzt sein müsste.

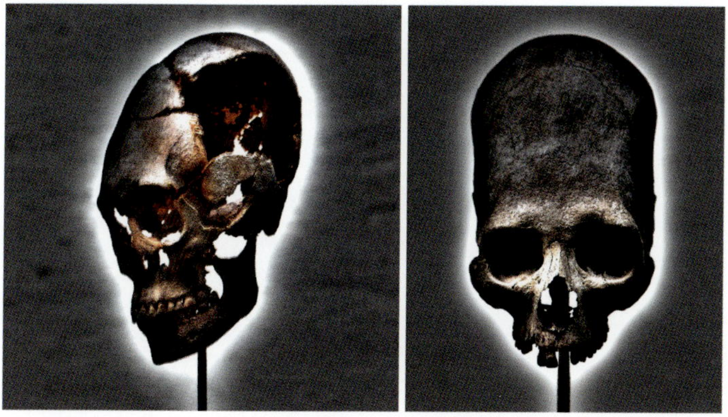

Deformierte Schädel: Schönheitskult oder Außerirdische? Fundstücke aus dem Weinviertel, 5. Jh. n. Chr. (Museum Hermann Bauch, Kronberg)

... oder außerirdische Wesen? Spekulationen

Deshalb gibt es eine dritte Theorie, sie spricht von außerirdischen Wesen, die auf der Erde gestrandet sein könnten. Ihre wesentlich schmaleren Körper und überdimensionalen Schädel will man an verschiedenen Orten unserer Erde gefunden haben. Bei einigen dieser Schädel fehlt die für Menschen charakteristische Trennnaht der drei Schädelplatten, sie haben nur eine einzige geschlossene Schädeldecke. Zusätzlich haben diese Schädel mehr Masse und Volumen. Ein bandagierter menschlicher Schädel verändert zwar seine Form, jedoch nicht sein Gewicht und sein Volumen. Stammt also der Atzgersdorfer Schädel von einem Außerirdischen?

Dieser kühnen Theorie mangelt es allerdings an Beweisen, da die betreffenden Schädel bisher genetisch nicht untersucht wurden. Möglichkeiten und Geldmittel fehlten bisher. Nehmen wir ruhig an, dass es sich um menschliche Schädel handelt. Außerirdische könnten aber als Vorbild gedient haben. Wollten die Menschen den gestrandeten Göttern ähnlich sein und verformten deshalb die Menschen durch 60.000 Jahre hindurch immer irgendwo auf unserer Welt ihre Schädel? Dazu hätten aber die Kontakte mit Außerirdischen wiederholt stattfinden müssen, zu allen Zeiten und in allen Weltgegenden, damit die Erinnerung an das göttliche Vorbild immer wieder aufgefrischt werden konnte. Der „Turmschädel" wäre demnach ein göttliches Symbol, ein Beweis für göttliche Abstammung. So könnte es sein, denn die ägyptischen Pharaonen und ihre Kinder, vor allem diejenigen der 18. Dynastie, weisen das Merkmal auf und sie galten, wie wir wissen, als Söhne und Töchter der Götter.

TIPP

Museum Hermann Bauch in 2123, Kronberg/Weinviertel. Sammlung der Weinviertler deformierten Schädel. 0699/17442265

Folgende Doppelseite: Das Alchemistenlabor in Kirchberg am Wagram. Eine Rekonstruktion mit originalen Fundstücken aus Oberstockstall.

IV. Kapitel

Unheimliche Experimente

1. DER GOLDMACHER VON RODAUN

23., Ketzergasse 374

War man in alter Zeit mit Hilfe der Magie auf Schatzsuche gegangen, so versuchte man seit der Entdeckung der Naturwissenschaften in der frühen Neuzeit Gold selbst herzustellen. Nicht nur Alchemisten, sondern auch allerlei Scharlatane versuchten, Blei und Kupfer in edles Gold zu verwandeln. Letztere wandten oft obskure Methoden an, die man heute als gruselig bezeichnen würde. Dazu zählt die Herstellung des so genannten „roten Pulvers" aus Kröten-und Schlangenextrakt.
Eine alte und oft erzählte Geschichte ist jene vom Goldmacher in Rodaun im heutigen 23. Bezirk von Wien. Sie trug sich vor fast 300 Jahren im einstigen Badhaus zu, in der Ketzergasse 374. Dort befand sich ein viel besuchtes Mineralbad, gespeist von einer neben dem Liesingbach entspringenden Heilquelle. Das alte Haus steht leider nicht mehr, es musste einem Neubau weichen. An seiner Fassade hat man ein Metallrelief angebracht, welches die Geschichte vom Goldmacher erzählt. Drei Geheimsymbole sind unter der Inschrift angebracht: der rote Löwe, das magische Siegel Salomos und Zirkel mit Winkeleisen, Symbol der Freimaurer.

Alchemist oder Betrüger?

Ein gewisser Sehfeld aus Oberösterreich mietete sich im Jahr 1745 dort ein, um sich einer Kur zu unterziehen. Er stellte sich als Alchemist vor und erzählte dem Bademeister-Ehepaar von seiner Kunst, zu der auch das Goldmachen zählte. Er wolle gegen freie Kost und Quartier im Keller des Hauses Gold erzeugen und ihnen einen Teil davon abgeben. Das Badhaus mit seinen Öfen war nämlich bestens geeignet für die alchemistischen Prozesse des Chalzinierens, Verdampfens und Umwandelns von unedlem in edles Metall. Der nahe Liesingbach lieferte das nötige Wasser und die waldige Umgebung das nötige Brennholz. So ging Sehfeld nachts ans Werk, wenn alle schliefen, hielt seine Experimente geheim und ließ niemanden in sein Labor hinein. Den Bademeister wies er an, ihm allerlei Getier, wie Schlangen, Kröten, Fledermäuse, und chemische Substanzen, wie Schwefel, Phosphor und Salpeter, zu besorgen, um – wie er sagte – den „roten Löwen" zu erwe-

Der Goldmacher von Rodaun

cken. Darunter verstanden die Alchemisten eine Substanz, die benötigt wurde, um Gold zu erzeugen. Der „weiße Löwe" hingegen diente dazu, Silber zu erzeugen. Die unheimlichen und sicher übel riechenden Koch- und Schmelzprozeduren Sehfelds ließen sich allerdings nicht auf Dauer geheim halten, bald drang die Kunde bis zu den Ohren der Herrscherin Maria Theresia. Sie hielt Sehfeld für einen Betrüger, ließ ihn verhaften und auf die Festung Temesvar in Ungarn bringen. Dort blieb er allerdings nicht lange, denn der Gemahl Maria Theresias, Kaiser Franz I. Stephan von Lothringen (1708–1765), selbst Alchemist und Naturwissenschaftler, ließ ihn wieder nach Wien holen und wies ihn an, von nun an für die Krone Gold zu machen. Der Kaiser hatte ihm dazu sein eigenes, bestens ausgestattetes Labor im Keller des „Kaiserhauses" in der Wallnerstraße 3 zur Verfügung gestellt. Zeitgenössische Berichte bestätigten, dass dem Alchemisten Sehfeld das Goldmachen gelungen sei. Das Ergebnis dieser Experimente hat allerdings niemand gesehen.

Das alchemistische Medaillon

Das Produkt eines Goldmachers: Das Alchemistische Medaillon für Kaiser Leopold I. (KHM, Münzsammlung).

Ein Ergebnis des alchemistischen Goldmachens kann man jedoch tatsächlich im Wiener Kunsthistorischen Museum bewundern: das so genannte „Alchemistische Medaillon".

In Zedlers 70 Bände umfassenden *Universallexikon* aus dem Jahre 1730 wird im 1. Band unter dem Eintrag „Alchemie" noch spöttisch angeführt: „A ist der erste und letzte Buchstabe im Worte ALCHYMIA, und hat denen Spöttern derer unglückseligen Alchymisten Anlaß gegeben zu sagen, daß das erste A ARMUTH, das andere ARZENEY anzeige, weil sich bei denselbigen solches statt des lapidis Philosophorum gemeiniglich einstellet, da es doch den Nahmen nach eher AURUM & ARGENTUM bedeuten möchte." In Band II wird jedoch über ein Goldmedaillon berichtet, das auf alchemistischem Weg entstanden und in der kaiserlichen Kunstkammer zu sehen war: „Ob nun wohl vieler Betrug unter der Alchymie vorgehet, so ist doch nicht zu läugnen, daß hin und wieder noch einige Schau-Stücken von Alchymistischem Golde gezeiget wer-

den, worunter diejenige schöne Medaille, welche in der Kayserlichen Kunst-Cammer zu Wien zu sehen ist, billig den Vorzug hat, deren Abriß auf gnädigste Erlaubnis Sr. Kayserlichen Majestät (in deren hohen Gegenwart dieses Gold 1648 von einem Chymoco gemacht worden) unter Augen geleget haben." Dabei muss es sich wohl um jenes Goldmedaillon handeln, das heute als das prominenteste Objekt des Münzkabinetts gilt und mit 7,2 kg Gewicht als eine der größten Medaillen überhaupt bezeichnet wird. Erzeugt wurde diese Wundermedaille vom böhmischen Alchemisten Wenzel Seyler († 1681), der behauptete, das geheimnisvolle „rote Pulver" zum Goldmachen entdeckt zu haben. Er führte Kaisers Leopold I. an dessen Namenstag des Jahres 1677 (nicht 1648 wie bei Zedler angeführt) seine Kunst vor, Kupfer in Gold zu verwandeln. Dafür ließ er das Medaillon aus einer Gold-Kupfer-Silberlegierung anfertigen und tauchte es in Salpetersäure, wodurch es zu „reinem Gold" wurde. Der Betrug – in Wirklichkeit hat sich nur die Farbe der Legierung in Gold verwandelt – wurde erst 100 Jahre später entdeckt. Bis heute hat es seinen Namen „Alchemistisches Medaillon" behalten und wird im Münzkabinett des KHM ausgestellt.

TIPP
23., Ketzergasse 374/Fürst Liechtensteinstraße. Metallrelief mit dem Alchemisten Sehfeld und dem roten Löwen am modernen Wohnhaus der Fa. Südbau, das anstelle des alten Badhauses errichtet wurde.
1., KHM-Münzkabinett, Das „Alchemistische Medaillon" für Kaiser Leopold I..

2. DIE HOMUNCULI DES ABBÉ GELONI

1., WALLNERSTRASSE 3. „KAISERHAUS"

Das Kaiserhaus gilt überhaupt als geheimnisumwitterter Ort. Dort ging Franz Stephan seinen Liebhabereien nach und empfing Personen, die bei Hof besser nicht gesehen wurden. Dazu gehörten nicht nur seine Mätressen, sondern auch Wissenschaftler, Alchemisten und die Logenbrüder des Kaisers, wie die Grafen Lamberg und Kuefstein. Freimaurerschriften berichten, dass im Jahre 1773 auf dem Stammschloss der Grafen Kuefstein, Greillenstein in Niederösterreich, und im Jahre 1778 in einem geheimen Laboratorium in Wien ein gruseliger Schöpfungsakt stattgefunden habe. Auch wenn der Kaiser damals schon verstorben war, kann es sich durchaus um dasjenige im Kaiserhaus gehandelt haben, das sich ja zuvor im Besitz der Lambergs befunden hatte.
Ein italienischer Magier, Rosenkreuzer, Kabbalist und Freimaurer namens Geloni lehrte den Meister vom Stuhl Graf Kuefstein und den „schottischen Meister" Graf Lamberg, „Homunculi" zu erschaffen, klei-

Rechte Seite: Schauplatz eines gruseligen Schöpfungsaktes: das Kaiserhaus.

Robert
Bouchal

ne Menschen aus Fleisch und Blut, was auch gelungen sein soll, wie einige Zeugen glaubhaft berichten. Als Augenzeuge und Gewährsmann hierfür gilt Josef Kammerer, Diener, Koch und Logenbruder von Johann Ferdinand II. Graf Kuefstein (1727–1789), dem Begründer der Freimaurerloge und praktizierenden Alchemisten. Kammerer führte ein „Verrechnungsbuch und Anmerkungen für meinen gnädigen Herrn Grafen J. F. v. Kueffstein, mit Gott angefangen A.D. 1775 und mit Gott geschlossen A.D. 1781/82", worin er die ekligen Experimente notierte.

Ekelerregende Experimente

Schon in der Antike glaubte man, aus der Verschmelzung von Metallen mittels alchemistischer Prozesse künstliche Menschen herstellen zu können. Später hielt man Blut und Sperma für die „pneumateria prima", die Trägersubstanz zur Schaffung eines menschlichen Klons. Genaue Anweisungen zur Herstellung eines solchen Homunculus sind durch Kammerer bekannt. Die Überreste eines Toten waren sorgfältig zu sammeln und auf bestimmte Weise zu kochen, bis der zu schaffende Mensch im Wasserdampf leibhaftig sichtbar werde. Männlicher Samen müsse in einer Retorte luftdicht verschlossen und sodann 40 Tage in Pferdedung vergraben werden, um danach magnetisiert zu werden. In dieser Zeit beginne der Samen zu wachsen und sich zu bewegen, er sei durchsichtig wie ein Schleier. Nun müsse die Frucht 40 Wochen lang täglich mit menschlichem Blut gefüttert und bei der konstanten Körpertemperatur einer Mähre gehalten werden. Danach sei das Kind mit all seinen Körperteilen ausgereift, als ob es von einer Mutter geboren wäre, nur dass es wesentlich kleiner sei. Kammerer berichtet von zehn Homunculi oder „wahrsagenden Geistern", wie er sie nennt, die auf diese Weise geschaffen wurden: ein Mönch, eine Nonne, ein König, eine Königin, ein Ritter, ein Architekt, ein Bergmann, ein Seraph und ein blauer und ein roter Geist. Diese Wesen seien in mit Wasser gefüllten Flaschen gehalten worden, welche man mit Hilfe einer Ochsenblase und dem magischen Siegel Salomos hermetisch versiegelt habe. Sie seien eine Spanne lang gewesen und sollten noch wachsen. Dazu wurden sie unter einer Fuhre Pferdemist vergraben, die täglich mit frischem Urin besprengt werden musste. Eine ekelerregende geheime Mixtur wurde unter den Pferdedung gemischt, sodass er fermentierte. Er stank und dampfte, als ob der Leibhaftige persönlich aus der Hölle ausgefahren wäre. Danach waren die Homunculi auf eineinhalb Spannen Länge gewachsen, die Männer hatten Bärte, die Frauen lange Haare und Fingernägel.

Abbé Geloni bekleidete sie nach ihrem jeweiligen Rang. Der blaue und der rote Geist waren allerdings unsichtbar. Wenn man aber gegen das Glas stieß, begann das Wasser zu brodeln und die beiden Geister mate-

rialisierten als furchterregende Fratzen. Natürlich mussten die Homunculi weiterhin gefüttert und mit frischem Wasser versorgt werden, was rasch zu geschehen hatte, denn der Luft ausgesetzt würden sie verfallen, als ob sie sterben würden. Als die Homunculi zwei Spannen lang waren, trug der Graf sie in die Loge, deren Meister er war. Dort machten die Geister Prophezeiungen, die sich immer als richtig erwiesen, und zwar jeder auf seinem Gebiet: So sprach der König über Politik, der Mönch über Religion, der Bergmann über Mineralienfunde.
Einmal sollen die Geister Zahlen genannt haben, mit denen keiner etwas anzufangen wusste. Der kluge Kammerer aber setzte die Zahlen im Lotto und gewann. Eines Tages fiel das Glas mit dem Mönch zu Boden, zerbrach und nach einigen verzweifelten Atemzügen verstarb der arme Kerl. Kurz darauf entkam der König aus seinem Glas und befreite sogleich seine Königin, aber auch ihnen war kein langes Leben beschieden. Graf Kuefstein fürchtete nun um sein Seelenheil und entließ schlussendlich die gefangenen Geister, niemand weiß wohin. Die Mär erzählt bis heute von Geistersichtungen in der Wallnerstraße und auf Schloss Greillenstein – wahrscheinlich handelt es sich um die armen Homunculi. Eine Geistertour bei Kerzenlicht führt in Bereiche des Schlosses Greillenstein, die sonst nicht zugänglich sind. Dabei kann den unheimlichen Geschichten über Johann Ferdinand und seine Versuche gelauscht werden.

TIPP
Renaissanceschloss Greillenstein im Waldviertel, Besitz der Familie Kuefstein. Führungen und spezielle Geisterabende mit Dinner.
www.greillenstein.at

3. MESMER UND DER ANIMALISCHE MAGNETISMUS

3., Rasumovskygasse 29. Ehemaliges Palais Mesmer

Unheimlich kam den Wienern vor, was in einem Palais in der Rasumovskygasse 29 im Bezirk Landstraße geschah. Das Haus gehörte dem berühmten Arzt Franz Anton Mesmer (1734–1815), dem Entdecker des „animalischen Magnetismus". In Mesmers Palais traf sich zu seiner Zeit die Elite Wiens. Haydn, Gluck und Mozart zählten zu seinen Freunden. Im Frühling 1768 wurde sogar Mozarts berühmtes Singspiel „Bastien und Bastienne" in seinem Garten uraufgeführt. Leider steht das Haus nicht mehr, es wurde 1920 abgerissen, der Park und einige Nebengebäude existieren aber noch.
Wunderheiler und Hypnotiseur Franz Anton Mesmer wurde in Meers-

Folgende Doppelseite: Der Park des Palais Mesmer in Wien-Landstraße. Hier scharten sich die Patienten um einen magnetisierten Baum.

burg am Bodensee geboren. Er studierte ab 1759 in Wien, wo Gerhard van Swieten, der Leibarzt der Kaiserin, zu seinen Lehrern gehörte. Nach der Promotion 1765 hatte er einen Lehrstuhl an der medizinischen Fakultät inne und praktizierte als Arzt. Er bezog Keplers und Newtons Erkenntnisse in die von ihm entwickelte Lehre über eine „Gravitas universalis", eine universelle magnetische Kraft, ein. Durch eine reiche Heirat kam er zu Vermögen und Ansehen und behandelte fortan die Spitzen der Wiener Gesellschaft. Diese verehrte ihn bald ebenso wie die arme Bevölkerung als Wunderheiler, die Fachwelt bezeichnete ihn allerdings als Scharlatan und Schwindler. Heute gilt er als der Pionier der Hypnose- und Suggestionstherapie, auch wenn seine medizinischen Behandlungsmethoden eher obskur waren. Sein Name ist sogar in den englischen Begriff „to mesmerize" als Synonym für „hypnotisieren" eingegangen.

Unheimliche Behandlungsmethoden

Mesmer verwendete für seine Behandlungen keine Medikamente, sondern nur sein magnetisches Wasser. Er pflegte seinem jeweiligen Patienten gegenüber zu sitzen, Knie an Knie, die Daumen des Patienten fest in seinen Händen. Er sah ihm starr in die Augen, dann berührte er dessen Oberbauch und strich ihm über die Glieder. Viele Patienten hatten dabei recht eigenartige Empfindungen, manche verfielen in eine regelrechte Krise, welche die Heilung herbeiführen sollte.
Der Andrang war so groß, dass Mesmer Gruppenbehandlungen einführte. In einem Salon seines noblen Palais stand eine sonderbare Apparatur: Aus einem großen Zuber, dem „bacquet", ragten Eisenstäbe, die mittels elektrischer Impulse magnetisiert wurden. Bis zu zwanzig Patienten saßen dann, durch ein Seil miteinander verbunden, rund um den „bacquet" herum. Überirdische Töne einer Glasharmonika, mystische Beleuchtung und mittels Spiegeln erzeugter, schauriger Geisterspuk verstärkten die suggestive Wirkung. Ein Kollege, der Mesmer besuchte, berichtet: „Als ich nun abends in das Heiligtum des Magnetismus eingeführt wurde, bot sich mir ein sonderbarer Anblick dar. Der ziemlich große Saal war spärlich erleuchtet, man trat ein unter herabrollenden Vorhängen, und rings an den Wänden standen hinter ähnlichen Vorhängen und spanischen Wänden Sofas und Armsessel in mystischem Dunkel. In der Mitte des Saales stand das große Bacquet, ein magnetischer Kondensator; hier sah die Maschine aus wie ein großer, aber nicht hoher Ofen, aus dem eine starke Eisenstange herauf ragte, an welcher weiter oben eine Anzahl breiter bunter Wollbänder befestigt waren, deren eins jede der Kranken mit dem freien Ende in die eine Hand bekam, damit dann mit der andern Hand durch regelmäßiges Herabstreichen das magnetische Fluidum den Nerven zugeführt werden könne."

Die Beschreibung lässt eher an eine spiritistische Trancesitzung als an eine ärztliche Behandlung denken. Noch absonderlicher waren die Gruppenbehandlungen für Arme, die im Park stattfanden: Die Leute scharten sich um einen magnetisierten Baum, von dem Drähte und Wollfäden herabhingen, um dann elektrisiert reihenweise in Trance oder Ohnmacht zu fallen, was die Heilkrise auslöste. Mystisch, geheimnisvoll, dunkel erschienen Mesmers therapeutische Versuche – aber er war keineswegs ein Scharlatan, sondern ein Arzt auf der Suche nach neuen Heilmethoden, der als einer er ersten den Zusammenhang zwischen Psyche und Krankheit begriff. Er konnte tatsächlich psychosomatische Erkrankungen, wie Magenkrämpfe, Migräne, nervöse Leiden, heilen, indem er den Patienten mit Magneten über die Körper strich. Seine ungewöhnlichste Patientin war die blinde Pianistin Maria Theresia Paradis, ein Taufkind der Kaiserin. Sie soll von ihm etwa 3.000 Mal elektrisiert und magnetisiert worden sein, bis sie behauptete, wieder sehen zu können. Die neidische, missgünstige Ärzteschaft erklärte sie jedoch zur Lügnerin und Mesmer zum Scharlatan, was schließlich zum Zerwürfnis zwischen Arzt und Patientin führte. Die Jungfer Paradis war wieder blind und Mesmer verließ Wien in Richtung Paris, wo er bald die Gunst von Königin Marie Antoinette erringen sollte.

TIPP
3., Rasumovskygasse 29 – Grete-Jost-Park. Das Palais steht nicht mehr, aus dem Garten wurde ein öffentlicher Park.

4. GRAUSIGE HEILMITTEL

Menschenfett und Menschenschweiß waren in jeder Apotheke vorrätige Heilmittel: Gefäß aus der Pharmaziehistorischen Sammlung des Departments für Pharmakognosie (Universität Wien, Althanstraße 14, 1090 Wien).

Sorgten die therapeutischen Maßnahmen Mesmers schon für Gruselschauer, um wie viel mehr taten dies die magischen Heilpraktiken in Mittelalter und Neuzeit, bei denen der Henker eine Hauptrolle spielte. Er wurde zwar allgemein von den Bürgern gemieden, da er nicht als ehrbar galt und man sich vor ihm fürchtete, wohnte aber in Wien innerhalb der Stadtmauern, was ungewöhnlich war. Denn üblicherweise lebten alle Ehrlosen, wie Henker, Schinder (Abdecker), Abtritt-Reiniger, fahrende Spielleute mit all ihren Leuten, außerhalb der Mauern einer Stadt.
In Wien hatte der Henker freie Wohnung im „Schergenhaus" in der Rauhensteingasse und bezog seit 1450 eine fixe Besoldung. Zu diesem Grundgehalt kamen dann die fixen Tarife für seine einzelnen beruflichen Verrichtungen dazu und noch einige Gelder, die ihm entweder von Seiten der Verurteilten und deren Verwandten für die Gewährung von Erleichterungen zuflossen oder die durch den Verkauf von Verbrecherleichen an die medizinische Fakultät zu Studienzwecken hereinka-

men. Eine sehr wichtige Einnahmequelle waren magische Heilmittel, die nur der Henker herzustellen wusste – Wein, in den er sein Schwert getaucht hatte, oder Produkte aus halb verwesten Verbrecherleichen, wie das Menschenfett, das als „Unguis hominis" in jeder Apotheke vorrätig war. Einmal beschwerten sich die Nachbarn bei der medizinischen Fakultät sogar über die schrecklichen Gerüche, die vom Schergenhaus ausgingen. Bei Hinrichtungen durch das Schwert drängten sich die Epileptiker hinzu, um frisches Blut zu bekommen, das allgemein als Heilmittel gegen ihre Krankheit galt. Medizin aus menschlichem Material war noch bis ins 19. Jahrhundert hinein üblich, wie das bekannte Mumienpulver, das neben Opium der wichtigste Bestandteil des Theriaks war. Diesen trugen selbst allerhöchste Herrschaften, wie Franz Stephan von Lothringen, als Allheilmittel stets bei sich. Er wurde aus Venedig importiert oder unter Aufsicht der Fakultät in Apotheken hergestellt, das Rohmaterial musste man sich aber doch beim Henker oder bei den Soldaten im Felde besorgen.

TIPP
1., Rauhensteingasse 10: Wohnhaus an Stelle des früheren Schergenhauses, nicht öffentlich zugänglich.
Pharmaziehistorische Sammlung des Departments für Pharmakognosie der Uni Wien. 9., Althanstraße 14. Besichtigung nach Vereinbarung. christa.kletter@univie.ac.at.
Literaturtipp: Anna Ehrlich: Ärzte – Bader – Scharlatane, Wien 2007.

5. ODSTRAHLUNG AUF DEM COBENZL

19., Höhenstrasse. Cobenzl

Geheimnisvolle wissenschaftliche Versuche fanden auch noch im 19. Jahrhundert statt, und zwar auf dem Cobenzl, einem der schönsten Aussichtshügel von Wien. Der Berg hieß einst Latisberg, als der Jesuitenorden dort im 16. Jahrhundert ein Kloster erbaute. Phillip Graf Cobenzl, Staatskanzler unter Maria Theresia, kaufte 1775 das Areal und ließ sich auf einer Hangstufe vermutlich von Ferdinand Hohenberg ein kleines Schloss mit einem ausgedehnten Landschaftspark errichten, der mit seinen Teichen, Tempeln, Pavillons, Obelisken, Statuen und einer phantastischen Grotte seinesgleichen suchte, inspiriert von freimaurerischem Gedankengut. Vor allem die Grotte soll wegen ihrer funkelnden Edelsteine und des herabstürzenden Wasserfalls ein überwältigendes Erlebnis geboten haben. Welche Zeremonien oder Rituale dort stattfanden, wissen wir nicht, denn es ist nichts Schriftliches darüber vorhanden, nur romantisch verklärte Zeichnungen und Berichte einiger prominenter Besucher, zu denen auch Mozart zählte, geben uns

eine Vorstellung von den verborgenen Geheimnissen. Denn sowohl Graf Cobenzl als auch einer der späteren Besitzer, Karl Ludwig Freiherr von Reichenbach (1788–1869), umgaben sich mit der Aura des Mystischen.
Unter Cobenzl galten Schloss und Garten als Orte der Erbauung, unter Reichenbach wurden sie zu gruseligen und daher gemiedenen Plätzen, bis alles verfiel.

Der Zauberer vom Cobenzl

Der deutsche Industrielle, Chemiker, Erfinder und Forscher Reichenbach erwarb 1836 Schloss und Park Cobenzl. Er betätigte sich dort wissenschaftlich und alchemistisch, richtete ein Labor für Experimente auf okkultem Gebiet ein. Er befasste sich vor allem mit subtilen Energieformen und dem Studium der übersinnlichen Kräfte. Dabei entdeckte er eine bis dahin unbekannte Strahlung, die er „Od“ nannte. Sie ist heute als die Biophotonen-Strahlung der menschlichen Aura bekannt. Er bezahlte Totengräber des Grinzinger Friedhofs, die ihn mit frischen Leichen versorgten, an denen er die Odstrahlung untersuchte. Sie geht von jedem lebendigen Körper aus und ist sogar noch einige Zeit nach dem Tod nachweisbar. Seine Untersuchungen fanden meist in der Nacht statt, besonders in Gewitternächten mit Blitz und Donner, und zwar im Keller des Schlosses und in den unterirdischen Gängen, die er hinüber zum Kahlenberg graben ließ. In diesen völlig lichtlosen Räumen hielt er sich mit seinen sensitiven Probanden (der Begriff „sensitiv“ geht auf Reichenbach zurück) oft tage- und nächtelang auf, wonach sie die menschliche Aura sowie fluoreszierende Gegenstände wahrnehmen konnten. Die unterirdischen Stollen dienten zu Hellsehexperimenten und Gedankenübertragungen, zum Studium des Erdmagnetismus und des „Erdods“, also jener Kraft, die aus der Erde strömt im Gegensatz zum „Himmelsod“, der kosmischen Kraft. Die räumliche Distanz spielt bei solchen Energieübertragung keine Rolle, ebenso wenig wie ein ober- bzw. unterirdischer Standort. Ob Reichenbach die Stollen graben ließ oder diese bereits vorgefunden und nur erweitert hat, ist uns nicht bekannt. Es wurde aber schon vor Reichenbach von einem ausgedehnten Gangsystem der Camaldulenser unter dem Kahlenberg berichtet, vielleicht waren es Fluchtstollen aus der Zeit der Türkenbelagerung. Die berühmte Entsatzschlacht vom 12. September 1683 hat sich natürlich nicht unterirdisch abgespielt.
Abgesehen von seinen Sensitiven lebte Reichenbach ziemlich einsam am Cobenzl, er umgab sich nur mit einer Haushälterin und einigen Dienern, vor denen er seine Experimente geheim hielt. Sie spähten jedoch durch die Schlüssellöcher der versperrten unterirdischen Räume, sahen merkwürdig flackernde Lichter und hörten Schreie und Stimmen

aus einer anderen Welt. Möglicherweise hat Reichenbach auch die von Mozart und anderen Besuchern beschriebenen Kristalle der Grotte für seine Versuche verwendet. Seine gruseligen Experimente trugen Reichenbach schon zu Lebzeiten den Namen „Zauberer vom Cobenzl“ ein und die Bevölkerung mied diesen unheimlichen Ort. Bei seinen mitternächtlichen Seancen mit seinen Sensitiven beschwor er Geister und Dämonen, die er vermutlich nicht mehr los wurde.

Das Od-Pendel

In einem seiner Werke beschreibt Reichenbach die Bauweise eines Od-Pendels, wie er sie auf seinen Reisen bei englischen Sensitiven gesehen hatte. Dabei handelte es sich um ein Pendel unter einem Glassturz, das sich unabhängig von der Bewegung der Hand, sozusagen selbsttätig, in Bewegung setzen konnte. Der Vorteil gegenüber einem herkömmlichen Pendel bestand darin, dass keine direkte Beeinflussung durch eine sich unwillkürlich vielleicht doch bewegende Hand, sondern nur durch den Geist des Pendlers stattfand. Er schreibt in seinem Werk „Die odische Lohe und einige Bewegungserscheinungen“: Da „stellte ich auch noch einen Sensitiven daran, meinen großen Haustischler Josef Czapek. Da war ich denn nicht überrascht sehen zu müssen, dass, sooft dieser kräftige 45-jährige Mann seine Hand an den Apparat legte, jedes Mal das Pendel oszillatorische Bewegungen begann und diese allmählich bis zu den lebhaftesten Schwingungen steigerte. So oft er seine Hand abzog stellte es sich unverzüglich wieder stille.“ Reichenbach baute noch einen feststehenden Sockel, um alle Erschütterungen des Glases, Luftzug und selbst magnetische Einwirkungen auszuschließen, seine Konstruktionspläne sind überliefert.

Reichenbachs trauriges Ende

Reichenbach starb verarmt und von der Wissenschaft verhöhnt im Jahr 1869. Seine unheimlichen Experimente im Bereich des Transzendentalen, seine Forschungen rund um die Schwelle zwischen Tod und Leben hatten ihn um sein Vermögen gebracht. Er ließ das Schloss und vor allem den einst prachtvollen Landschaftsgarten verfallen. Nach seinem Tod erwarb es der Baron Johann Carl Freiherr von Sothen, der durch den Verkauf von Lotterie-Losen ein Vermögen angehäuft hatte und ein Bank- und Wechselhaus am Graben besaß. Es brachte aber auch diesem kein Glück: Der Baron wurde 1881 von seinem Förster Eduard Hüttler erschossen.
Der Ort galt als verwunschen, daher war das Schloss danach jahrelang zum Verkauf ausgeschrieben, ohne einen Käufer zu finden. Es hieß, Rei-

chenbach finde keine Ruhe und ginge in den unterirdischen Gewölben um. Schließlich erwarb die Stadt Wien unter Bürgermeister Lueger das Areal und baute das Schloss in ein Hotel um. Der Zweite Weltkrieg versetzte diesem Juwel dann den Todesstoß, es wurde abgerissen. Heute ist nichts mehr von all der Pracht erhalten, weder Schloss noch Park. Lediglich die Terrasse mit ihrer grandiosen Aussicht erinnert an das einst mondäne Schlosshotel. Grotte und Edelsteine sind heute verschwunden, manche haben sie seither vergeblich gesucht. Man kann zwar einen mit einem Gitter versperrten Eingang unter der Cobenzl-Terrasse sehen, der Einstieg zu den unterirdischen Gängen zum Kahlenberg konnte bisher aber nicht gefunden werden. Vielleicht befindet er sich versteckt im Unterholz des Nestelbachgrabens, wo manche Forscher auch die legendäre Grotte des Grafen Cobenzl vermuten. Liegen Cobenzls Kristalle vielleicht noch irgendwo in den verschlossenen unterirdischen Gängen unter dem Latisberg?

TIPP
Cobenzl: Aussichtsterrasse mit Cafe-Restaurant und Heurigenbetrieb der Stadt Wien. Erreichbar über Wiener Höhenstraße oder mit Bus 38A ab U4 Endstation Heiligenstadt.
Für Kinder: Erlebnisbauernhof, Tiergehege, Spielplätze.

6. STIMMEN AUS DEM JENSEITS

Seit einigen Jahrzehnten ist es möglich, sich mit Hilfe einer Technik, welche die Stimmen Verstorbener übertragen kann, mit diesen in Verbindung zu setzen. Schon der amerikanische Erfinder Thomas Alva Edison (1874–1931) und der Elektroingenieur Nikola Tesla (1856–1943) versuchten, die Stimmen der Toten hörbar zu machen. Edison war fest überzeugt, dass ein Teil von uns nach dem irdischen Tode weiterlebe, und dass man davon ausgehen müsse, dass dieser Teil Kontakt mit den Zurückgebliebenen suche. 1920 entwickelte er ein hochempfindliches Gerät, um solche Kontakte zu ermöglichen. Im Jahr 1959 entdeckte der schwedische Archäologe, Opernsänger und Kunstmaler Friedrich Jürgenson durch Zufall, dass beim Aufzeichnen von Vogelstimmen auf seinem Tonbandgerät auch fremde menschliche Stimmen zu hören waren. Nachdem er herausgefunden hatte, dass es sich dabei um die Stimmen Verstorbener handelte, begannen auch Techniker in anderen Ländern mit Stimmenaufzeichnungen zu experimentieren. Bahnbrechend war der österreichische Elektroingenieur Franz Seidl, der mit Radio, Tonband und Fernsehgeräten arbeitete. Er entwickelte bald ein spezielles Gerät zum Empfang von Stimmen aus dem Jenseits, das „Psychophon“.

Folgende Doppelseite:
Stimmen aus dem Jenseits können auf paranormalem Weg empfangen werden.

Mit dem Psychophon auf Mörderfang

Der Österreicher Hans Luksch führte Seidls Versuche weiter fort. Er befragte Verstorbene zu unaufgeklärten Mordfällen, besonders natürlich zu denjenigen, bei denen sie selbst die Opfer gewesen waren. Mit den auf paranormalem Weg erhaltenen Antworten begab er sich dann auf Mörderjagd. Der Erfolg gab ihm Recht, und so wurde er sogar von Kriminalbeamten um Hilfe gebeten. Einer der spektakulärsten Fälle der jüngeren Vergangenheit war die Ermordung des bayrischen Volksschauspielers Walter Sedlmayr (1926–1990). Der Mörder gehörte zum privaten Umfeld des Opfers, er konnte von Hans Luksch durch paranormale Befragung der Tonbandstimmen überführt werden. Laut einem Bericht in der Kronen Zeitung vom 5. Februar 1986 konnte auch der Mord an Laszlo Sipos, der 1986 in einem Wiener Wohnhaus stattgefunden hatte, mit Hilfe von dessen Stimme aus dem Jenseits aufgeklärt werden. Er war von einem Unbekannten mit einer Flasche erschlagen und seine Leiche auf einer Mülldeponie in Korneuburg verscharrt worden. Die Polizei tappte im Dunkeln, bis sie sich an den Privatforscher Ernst Knirschnig aus Perchtoldsdorf wandte. Diesem gelang eine spektakuläre Einspielung, die tatsächlich zur Ergreifung des Mörders führte.

Der Verein der Lebenden und Toten

1983 gründete Hans Luksch den ersten Verein für Tonbandstimmenforschung in Österreich, der später durch den Verein für Tonbandstimmenforschung mit Sitz in Wien abgelöst wurde. Der VTF befasste sich unter anderem mit dem Befragen von Tätern und Opfern in Kriminalfällen und konnte vielen Verzweifelten helfen. Meistens unterhielten sich jedoch trauernde Angehörigen mit ihren lieben Verstorbenen, sogar tote Berühmtheiten meldeten sich zu Wort. So nahm man mit Beethoven Kontakt auf, der drüben in der anderen Welt nicht mehr taub ist und die Schönheit der Natur noch immer liebt. Er soll anderen auch schon beim Komponieren geholfen haben – so manches Musikstück ist daher nicht von dieser Welt.

Die Sprache der Geister

Die Botschaften, die angeblich aus dem Jenseits überbracht werden, beziehen sich meist nur auf den Fragesteller und dessen persönliche Lebenssituation selbst. Für andere Zuhörer ist das Kauderwelsch aus Sprachfetzen eher unverständlich, denn es bedarf eines geschulten Ohres, um die „Sprache der Toten“ zu verstehen. Sie selbst bezeichnen sich als körperlose Wesen, die sich eines Sprechapparats, den sie

„Transcantor“ nennen, bedienen müssen. Auf Fragen nach der Übertragungstechnik antworteten sie, dass sie mittels Laser über die Chromosomen des Fragenden an uns herankommen. Als Trägermedium für die Stimmeneinspielung dient den Irdischen ein Radiosender, dessen Sprache man nicht versteht, oder das „weiße Rauschen“. Seit der flächendeckenden Errichtung von Handymasten und dem Überhandnehmen von chaotischen Ultrakurzwellen in unserer Atmosphäre tun sich die Jenseitigen schwer, mit den Lebenden weiterhin via Radiowellen zu kommunizieren. Sie senden ihre Botschaften neuerdings auch auf Computer und über das Internet. Die Jenseitsfrequenz muss erst in unsere irdische Frequenz umgewandelt werden, was einen für unsere Ohren ächzenden oder hallenden Tonfall erzeugt, ähnlich einer Computerstimme. Und doch ist dabei ein Wiener oder hochdeutscher Akzent der Verstorbenen deutlich zu erkennen.

Die Aussagen sind oft kryptisch und sogar banal: Grüße an gemeinsame Bekannte, Aufforderungen zu einem Arztbesuch oder allgemeine Lebensweisheiten kommen im Staccato-Modus krächzend aus dem Aufnahmegerät. Gruselig wird es aber dann, wenn Mordopfer befragt werden und Umstände, Namen und Orte zutreffend nennen. Bei den wöchentlichen Treffen des VTF im Wiener Vereinslokal waren nicht nur die Lebenden, sondern offenbar auch die Toten als unsichtbare Geistwesen anwesend. So hörte man Sätze wie: „Bin neben dir“ oder „Stehe hinter dir“.

Der Verein löste sich inzwischen auf, die ehemalige Präsidentin Maria Manov leitet die Durchgaben Verstorbener nur mehr im privaten Kreis weiter. Besucher sind willkommen und dürfen Fragen an Verstorbene stellen. Die meisten erfahren Rat und Trost von ihren Lieben aus dem Jenseits. Es ist hilfreich für trauernde Hinterbliebene zu wissen, dass es denen, die die physische Welt verlassen haben, „drüben“ gut geht. Trotzdem ist ein derartiges Erlebnis nicht für jeden geeignet. Bei Begegnungen mit dem Geist der Verstorbenen soll schon mancher vorerst Neugierige entsetzt geflohen sein. Auch böse Geister schleichen sich gerne ein. Sie besetzen mit Vorliebe die nicht gefestigten Zeitgenossen, die durch Süchte ihr Energieschutzschild durchlöchert haben. Diese bösen Wesenheiten tarnen sich durch süßlichen Tonfall – wie eben auch zu Lebzeiten. Beschimpfungen, Flüche, Drohungen – auch das sind die Einschüchterungsversuche der negativen Kräfte aus dem Jenseits. Maria Manov sieht sich vor allem als Forscherin für alles Transzendente. Sie möchte vom Leben in anderen Sphären erfahren, von deren Beschaffenheit, vom Immateriellen, und wie man sich selbst darauf vorbereiten kann. Für eigene Experimente gibt sie Anleitungen zum Bau von Aufnahmegeräten und einen Leitfaden für Einspielungen.

Folgende Doppelseite: Unheimliche Vorzeichen über Wien

V. Kapitel

Unheimliche Vorzeichen und Erscheinungen

1. DER JAUSENENGEL VOM STEPHANSDOM

19., GRINZING

Rechte Seite: Eine mystische Lichterscheinung: der Jausenengel vom Stephansdom, gesehen vom Standort eines Weingartens in Grinzing.

Von grauenhaften Erscheinungen wird viel berichtet, es gibt aber auch schöne Geister in Wien.

In und um die Stadt wird viel Wein produziert, 300 Weinbauern bewirtschaften 680 Hektar Weingärten und schenken den „Heurigen" in 160 Buschenschenken in mehreren eingemeindeten „Weinorten", wie beispielsweise Grinzing, aus. Es gibt wohl nur wenige Wiener und Wienbesucher, die noch nicht dort gewesen sind.

Was den meisten Besuchern aber unbekannt sein dürfte, ist ein Wunder, das sich alljährlich im Sommer beobachten lässt. Nein, damit ist nicht die wundersame „Weinvermehrung" des Grinzinger Eigenbauweins bei verhältnismäßig geringer Anbaufläche gemeint, sondern eine Lichterscheinung, genannt der „Jausenengel vom Stephansdom". Sie ist nur in den Weingärten von Grinzing von einer bestimmten Riede aus und nur zu einer ganz bestimmten Zeit zwischen den Heidentürmen des Stephansdom zu sehen. Da zeigt sich eine gleißende Figur an der Stirnseite des Domes, eine Frauengestalt im weißen Schleier, silbriggrau bis strahlend golden leuchtend. Fast durchsichtig, ohne Schatten zu werfen, scheint ein Engel oder die Gottesmutter darüber zu schweben, von Juni bis September täglich um 17 Uhr Sommerzeit, genau zur Jausenzeit. Sie verändert ihre Gestalt und bewegt sich ganz langsam gegen den Uhrzeigersinn aus dem Blickfeld. Diese engelsartige Lichterscheinung ist seit dem 14. Jahrhundert bekannt, seit die Heidentürme fertig gestellt worden sind. Damals war die Kirche noch das einzige alles überragende Bauwerk, man konnte sie gut von weither sehen, denn zwischen Grinzing und der Stadt lagen nur wenige kleine Dörfer. In einer im Jahr 1922 erschienenen Döblinger Heimatkunde wird berichtet: „... schaut man in der Sommerzeit von den Weinbergen Untersieverings, Heiligenstadts und Nussdorfs gegen die Stephanskirche, so zeigt sich jedem um vier Uhr nachmittags nächst dem Turme eine weiße Erscheinung, welche die Gestalt eines Weibes hat".

Das Lichtwunder hält nur kurze Zeit an, es ist eine magische Stunde für denjenigen, der sich verzaubern lässt – vorausgesetzt es herrscht Schönwetter. Der Konsum von einigen Gläsern Wein wird nicht vorausgesetzt – aber schaden kann er nicht.

TIPP

Bester Platz zur Beobachtung sind die Rieden des Heurigenbetriebs Hajszan, 19, Krapfenwaldgasse 17, vor dem Tor der Post-Funkmeldestelle. Empfehlenswert: Fernglas, Stativ, Teleobjektiv.

2. DAS MARIENWUNDER VON LAINZ

13., Lainzer Strasse 154, Syrisch-orthodoxe Kirche

Ist der Jausenengel nur bedingt als Marienwunder zu bezeichnen, so ereignete sich in Wien vor kurzem sogar ein echtes, und zwar in einer kleinen mittelalterlichen Kirche in Wien-Lainz, wovon sich die Autorin persönlich überzeugen konnte. Die Kirche ist eine alte Wallfahrtskirche, die besonders während der Pestepidemie des Jahres 1679 viel besucht wurde. Hier dankten die Wiener im Jahr 1853 der Madonna auch für die Errettung Kaiser Franz Josephs vor einem Attentat, und die Münzer des Wiener Münzamts Am Heumarkt brechen noch heute von hier zu ihrer Wallfahrt nach Mariazell auf.

In der ehemaligen Lainzer Pfarrkirche: Hier ereignete sich am 8. Mai 2010 ein Marienwunder.

Seit 1974 gehört das Gotteshaus der syrisch-orthodoxen Gemeinde und ist dem Schutzheiligen Ephrem, dem Patron der Gemeinde, geweiht. Genau hier ereignete sich am 8. Mai 2010, am Tag vor dem Muttertag, ein Marienwunder.

Die Madonna mit den beweglichen Augenlidern.

Die Madonna mit den beweglichen Augenlidern

Eine künstliche Grotte an Stelle des ehemaligen Haupteingangs der Kirche beherbergt eine Marienstatue vom Immaculata-Typ, eine Darstellung, die eine unbefleckte, von der Erbsünde reine Maria, stehend und ohne Jesuskind zeigt. Zu ihren Füßen liegen Rosen, in der Hand hält sie einen Rosenkranz. Ihr lebendiger, unsagbar trauriger Gesichtsausdruck rührt jeden Besucher. In der goldenen Gloriole um den Kopf wird mit dem Datum 8. XII. 1854 der Verkündigung des Dogmas von der unbefleckten Empfängnis gedacht. Diese Madonna ist es, der seit dem Tag im Marienmonat Mai ein nicht abreißender Besucherstrom gilt, um das Wunder mit eigenen Augen zu sehen.
Der siebenjährige Sohn einer in Wien wohnenden syrischen Familie hatte in der Nacht vom 7. zum 8. Mai von Jesus und Maria geträumt, die in weiße Gewänder gehüllt waren, und seiner Mutter von diesem Traum erzählt. Am Morgen gingen die beiden zum Religionsunterricht in die Kirche. Als die Frau auf dem Rückweg vor der Mariengrotte verweilte um zu beten, gewahrte sie plötzlich eine Bewegung an der Statue und sah Rauch aus deren Kopf aufsteigen. Die Madonna schien die Augenlider zu bewegen, als ob sie weinte. Erschrocken und an ihrer unheimlichen Wahrnehmung zweifelnd, rief sie den Pfarrer und die Kinder herbei, die ihre Beobachtung bestätigten, wie dann auch die Eltern der

anderen Kinder. Alle sprachen von einem Wunder. Noch nie war etwas Ähnliches in dieser Kirche geschehen.
Wie ein Lauffeuer verbreitete sich die Kunde davon in der Stadt, und es dauerte nicht lang, bis die Medien Wind davon bekamen. Der ORF sandte ein Reporterteam und brachte den Beitrag in Radio Ö1. Die Nachricht vom Marienwunder drang bis in die Türkei. Ein Kamerateam hatte sogar Glück und konnte die Bewegungen der Augenlider ins Bild bannen. Die Marienstatue bewegt die Augenlider jedoch nicht ständig und scheint sich nur einem wundergläubigen Publikum zu offenbaren, wie es die syrische Gemeinde ist. Doch sahen auch andere Fromme in tiefem Gebet plötzlich die veränderte Stellung der Augenlider. Einige Frauen berichteten von Gebetserhörungen, die Statue hätte ihnen mittels Kopfnicken geantwortet. Der Strom der Neugierigen und Hilfesuchenden reißt seither nicht ab.

Ein Kraftplatz mit 24.000 Boviseinheiten

Die Autoren Krenslehner/Lukacs beschreiben in ihrem Buch „Geheimnisvoller Tiergarten Schönbrunn" drei Kraftlinien, denen die Hauptalleen in der Schönbrunner Schlossanlage folgen. Die eine der drei großen Alleen im Schönbrunner Park führt in ihrer gedachten Verlängerung bis nach Rom, die zweite nach Ägypten und die dritte zu den Säulen des Herkules nach Gibraltar. Die Lainzer Kirche steht auf einer dieser Kraftlinien, die vom Schönbrunner Schloss über den Tiergarten Pavillon nach Mariazell und weiter nach Rom verläuft. Und zwar exakt durch die alte Lainzer Kirche und durch die Grotte mit der Marienstatue. Das Haupt der Maria strahlt mit einer enormen Kraft von 24.000 Bovis-Einheiten (nach radiästhetischer Messung von Christine Bory am 3. Juni 2010). Das ist mehr, als an manchen Stellen der Kathedrale von Chartres. Die Schwingungen im Zentrum des Labyrinths von Chartres wurden mit 18.000 Bovis-Einheiten gemessen.
Vermutlich bewirken die Kraft der Erde und die Kraft der Gebete der Gläubigen, dass sich die Augenlider der Madonna öffnen und schließen. Ein Wunder ist es allemal, egal welche geheimnisvolle Kraft dahinter steckt. (Nach einem persönlichen Bericht der syrischen Augenzeugin und des Pfarrers an Dr. Erich Krenslehner.)

TIPP
13., Lainzer Straße 154, Syrisch-orthodoxe Kirche. Geöffnet Samstag 14:00–18:00, Sonntag 8:00–18:00.
Literaturtipp: Krenslehner/Lukacs: Geheimnisvoller Tiergarten Schönbrunn, Wien 2006.

3. GEHEIMNISVOLLE ZEICHEN IM HEILIGEN GRAL

1., Hofburg. Schatzkammer.

Seit Jahrhunderten wird in der Wiener Schatzkammer die legendenumwobene Schale des letzten Abendmahls, der Heilige Gral, aufbewahrt. Die Achatschale ist eine gemmoglyptische Rarität, ein Meisterwerk der antiken Steinschneidekunst von 10 Kilogramm Gewicht und einem Durchmesser von 58 Zentimetern, geschnitten aus einem einzigen Achatblock. Die technische Meisterleistung des Steinschneiders ist unvorstellbar, denn obwohl Achat härter ist als Stahl, wirken die Form der Schale und die aus dem Stein herausgeschnittenen Griffe wie aus Wachs geformt.

Die Schale gilt als das wertvollste Objekt der Sammlung und gibt den Betrachtern ein Rätsel auf. Der Überlieferung nach trägt sie eine geheimnisvolle Inschrift, die weder eingraviert noch gemalt ist, sondern auf geheimnisvolle Weise in der Maserung des Achats erscheint. Sie soll sich jedoch nur alle einhundert Jahre einmal einem Sonntagskind reinen Herzens enthüllen, sagt die Legende. Im 16. Jahrhundert wurde sie von einem Glücklichen gesehen und als F XRISTO XXPP RI entziffert, was den Namen Christi bedeuten soll. XXPP wäre als Verdoppelung des griechische Chi und Rho, der Anfangsbuchstaben des Namens zu deuten, die Buchstaben RI könnten als Rex Judaeorum gele-

Die Achatschale in der Schatzkammer wird als „Wiener Gral“ verehrt. Die geheimnisvolle Inschrift zeigte sich erstmals für eine ORF-Kamera am 29. Oktober 2009.

sen werden. Die Anzahl der 13 Buchstaben weist möglicherweise ebenfalls auf Christus und die 12 Apostel hin, die eine Schale oder Kelch als Trinkgefäß beim letzten Abendmahl verwendeten. Damit sah man durch die Inschrift gleich mehrfach bestätigt, dass es sich bei dem Gefäß um den Gral handeln musste. Moderne Versuche von Besuchern und Fachleuten, die Schrift zu lesen, scheiterten. Fotos, Analysen und Expertisen brachten kein Ergebnis.

Der Wiener Inschriftenexperte Rudolf Egger versuchte im Jahr 1953 die überlieferten Schriftzeichen neu zu deuten. Seiner Meinung verweisen sowohl die Inschrift als auch die meisterliche Verarbeitung der Achatschale auf den Steinschneider Flavius Aristo, der im 4. nachchristlichen Jahrhundert in Trier wirkte. Im offiziellen Schatzkammerführer wird diese Deutung aber jedenfalls verworfen und Rudolf Egger ein Mangel an Wunderglauben bescheinigt: „Ein trockenes Auge sieht trockene Dinge. Nur ein wunderfähiges Auge kann Wunder sehen."

Der Gral gibt sein Geheimnis preis

Anlässlich der Präsentation ihres Buches „Geheimnisvoller Da Vinci Code in Wien" besuchte die Autorin Gabriele Lukacs am 29. Oktober 2009 gemeinsam mit einem Kamerateam des ORF die geheimnisvolle Achatschale. Während der Aufzeichnung meldete sich plötzlich Eva Malik, eine Mitarbeiterin der Schatzkammer, und meinte, sie könne die Inschrift lesen. Sie entzifferte Buchstaben für Buchstaben vor laufender Kamera. Auf einmal zeigte sich die Inschrift in der Maserung der Achatschale auch auf dem Monitor und für alle Anwesenden wahrnehmbar. Und zwar zwischen den beiden weißen Wolken im oberen Teil der Schale.

Es war das erste Mal seit langer Zeit, dass der Gral sein Geheimnis preisgegeben hatte, und das gleich der ganzen Welt. Die Direktion des Hauses und auch Dr. Otto Habsburg bestätigten, dass sich ein solches Phänomen noch nie ereignet und sich ihnen die Inschrift noch nie gezeigt hätte. Das Wunder ging auf Sendung, und seither kann jeder Besucher – wenn er gut sieht – die Inschrift mit freiem Auge erkennen.

Ein denkwürdiges Datum

Erst Tage später wurde man sich des eigenartigen Datums der Entdeckung bewusst. Die Ziffern 29-1-29 weisen, unter Weglassung der Nullen, eine Symmetrie auf. Die Ziffernsumme ergibt 23, eine Zahl, die man im Zusammenhang mit dem Illuminaten-Orden als bedeutsam kennt, ohne aber den Sinn zu verstehen. Ebenso rätselhaft bleibt, wie das Monogramm Christi in die Maserung des Achats gekommen ist und was die Inschrift bedeutet. Handelt es sich vielleicht tatsächlich um eine Schale, die sich im Besitz von Jesus Christus befand? Oder ist es jene Achatschale, von der beim letzten Abendmahl berichtet wird? Handelt es sich um den Gral?

TIPP
1., Hofburg, Schatzkammer: Öffnungszeiten täglich außer Dienstag 10:00–18:00. Geheimnisvolle Inschrift in der Maserung des Achats in der Schalenhälfte, die am Rand gebändert ist – die Buchstaben sind etwa 3 Zentimeter hoch, beginnen links von der kleinen hellen Achatwolke mit konkaver Einbuchtung und reichen bis zum eckigen, weißen Fleckchen rechts.
Literaturtipp: Bouchal/Lukacs: Geheimnisvoller Da Vinci Code in Wien, Wien 2009.

4. DAS RÄTSELHAFTE KAISERBILD

1., Maria-Theresienplatz. Naturhistorisches Museum.

Im monumentalen Treppenhaus des Naturhistorischen Museums fällt der Blick sofort auf das berühmte Gemälde Kaiser Franz Stephans von Lothringen (1708–1765) von Franz Messmer und Jakob Kohl aus dem Jahre 1773. Die beiden Maler teilten die Arbeit untereinander auf: Messmer, einer der besten Portraitmaler seiner Zeit, widmete sich den Köpfen der dargestellten – und vermutlich auch der geheimnisvollen, unsichtbaren – Personen, den Rest schuf Kohl. Das Ölbild zeigt den kaiserlichen Begründer der naturhistorischen Sammlungen, der auch selbst wissenschaftlich als Botaniker, Mineraloge und Alchemist tätig war. Ihm zur Seite sieht man die berühmtesten Forscher seiner Zeit: den Leiter des Naturalien-Cabinets Jean Baillou, den Leiter des Münz-Cabinets Valentin Duval, den Leiter des Physikalisch-Mathematischen Cabinets Abbé Johann Marcy und schließlich den Leibarzt Maria Theresias und Direktor der Hofbibliothek Gerhard van Swieten. Marcy war übrigens auch Leiter und Kustos des kaiserlichen „Laboratoriums" in der Wallnerstraße, von welchem an anderer Stelle die Rede ist.
Das Gemälde weist einige Merkwürdigkeiten auf, wie die Archivarin des Hauses Dr. Riedl-Dorn herausfand. Das Bild wurde erst 1773, also acht Jahre nach dem Tod des Kaisers, geschaffen, zeigt ihn aber im Kreise seiner Cabinets-Leiter im Augustinergang der Hofburg.
Die dargestellten Vitrinen haben dort aber nie existiert und der Augustinergang ist erst später für die kaiserlichen Sammlungen adaptiert worden. Das aber erklärt noch nicht, weshalb sich das Bild verändert, indem Figuren und Gegenstände darauf erscheinen oder verschwinden. Im Jahr 1992 stellte die Restauratorin Mag. Rannacher mittels Infrarot- und Röntgenuntersuchungen fest, dass das Bild mindestens

Folgende Doppelseite: Das rätselhafte Kaiserbild im Treppenhaus des Wiener Naturhistorischen Museums.

Personen und Gegenstände im Bild erscheinen und verschwinden auf unheimliche Weise.

viermal übermalt worden ist. Offenbar waren ursprünglich darauf noch andere Personen dargestellt gewesen: Man hat fünf Köpfe entdeckt, die später übermalt wurden. Einer davon gehörte vermutlich dem Jesuitenpater und Kronprinzenerzieher Josef Frantz, ein zweiter dem Jesuiten und Astronomen Hell. Deren Verschwinden vom Bild könnte durch die Aufhebung des Jesuitenordens im Jahre 1773 erklärt werden. Van Swietens Figur war hingegen in der Vorzeichnung noch gar nicht vorhanden, er kam offenbar später als „Lückenbüßer" ins Bild. Sind die (politischen) Motive für diesen Personentausch aber noch verständlich, so bleibt eine wundersame Kristallvermehrung hingegen rätselhaft. Der große, wunderschöne und einzigartige Kristall rechts zu Füßen des Abbés muss auf unbekannte Weise erst nach 1935 ins Bild gekommen sein, denn weder auf Fotos aus 1900 noch auf einem Wochenschaufilm aus 1935 ist er zu sehen! Das Bild hängt aber seit der Eröffnung des Museums immer an seinem Platz, sodass eine Übermalung gar nicht ungesehen möglich gewesen wäre. Sonderbarerweise wurde sein Vorhandensein erst 1992 von der Restaurateurin bemerkt. Mag man auch Kristallen seit jeher viele wundersame Eigenschaften zuschreiben – sich selbständig in ein Ölgemälde zu versetzen, dürfte doch ihre magischen Kräfte übersteigen. Man munkelt, das Gemälde ändere sich selbsttätig, male sich sozusagen selbst. Unter anderem ändert ein im Bild vorhandener Teppich seine Größe, wie Vergleichsfotos beweisen. Die unheimlichen Vorgänge auf diesem Bild geben der Direktion jedenfalls Rätsel auf. Bisher ist es nicht gelungen, Licht in die Sache zu bringen. Die einzige plausible und für unseren analytischen Verstand fassbare Erklärung wäre eine – bis dato unbekannte – Beschädigung des Gemäldes in den Wirren des Zweiten Weltkriegs. Irgendjemand könnte danach das Bild repariert und mit kundiger Hand eine Übermalung der betroffenen Stelle mit dem Kristall vorgenommen haben. Es wird doch wohl nicht der „Führer" selbst gewesen sein?

TIPP
1., Maria-Theresien-Platz: Naturhistorisches Museum. Geöffnet täglich außer Dienstag 9:00–18:30, Abendöffnung Mittwoch bis 21:00. Das Kaiserbild hängt im Treppenhaus.

5. DER UNHEIMLICHE TODESBOTE

12., SCHLOSS SCHÖNBRUNN

Als am 20. März 1811 in Paris 101 Salutschüsse ertönten, wurde damit die Geburt des lang ersehnten Thronerben Napoleons verkündet. Der Vater und die Mutter, Kaiserin Marie Louise, die Tochter des österreichischen Kaisers Franz I., waren überglücklich. Sie nannten den Knaben Napoleon Franz oder *L'Aiglon*, „kleiner Adler". Noch in der Wiege erhielt er den Titel eines Königs von Rom. Was sich nicht für große Hoffnungen an das Kind knüpften – doch sein Lebensweg sollte anders verlaufen, als man damals annahm. Nach Napoleons Sturz wuchs der kleine Franz als Herzog von Reichstadt unter der Obhut seines Großvaters auf, während die Mutter ihren eigenen Interessen nachging. Eine Haubenlerche soll der einzige Spielkamerad des Prinzen gewesen sein, sie steht heute noch ausgestopft im Vorraum seines Kinderzimmers im Schloss Schönbrunn. Die Leidenschaft des jungen Prinzen galt dem Militär, mit zwölf Jahren war er bereits Offizier, mit 19 wurde er zum Major befördert. Seine Jugend war jedoch überschattet von der Lungenschwindsucht, der „Wiener Krankheit", die damals noch unheilbar war und ihm im Alter von nur 21 Jahren den Tod brachte. Diesem ging ein unheimliches Ereignis voraus, über das noch lange gesprochen wurde.

Der Sommer des Jahres 1832 war schwül, Mitte Juli zogen schwere Gewitter auf. Sie dauerten einige Tage und vernichteten die Feld- und Baumfrüchte rund um Wien, es war ein richtiges Jahrhundert-Unwetter. Eines Nachts blitzte und donnerte es, als ob der Weltuntergang

Der steinerne Adler als Todesbote: Schloss Schönbrunn

unmittelbar bevorstünde. In Schönbrunn zog sich die kaiserliche Familie in ihre Privatgemächer zurück, nachdem die Diener Fenster und Türen verbarrikadiert hatten. Man sorgte sich um den Prinzen, der schon seit geraumer Zeit krank zu Bett lag. Da war plötzlich ein Ohren betäubender Lärm zu vernehmen, ein Krachen und Klirren, als ob das Schloss im Erdboden versinken wollte. Ein Blitz hatte das Schlossdach getroffen und den steinernen Adler, der dort befestigt war, hinunter geschleudert. Die Bestürzung war groß, man sah dies als Zeichen, dass noch Schlimmeres geschehen würde. Erstaunlicherweise war der Adler nicht einmal zerbrochen. Kurz danach begann sich der Gesundheitszustand des Prinzen so sehr zu verschlechtern, dass man nach seiner Mutter sandte. Sie kam gerade noch rechtzeitig, bevor ihr Sohn die Augen für immer schloss. Der kleine Adler, *L'Aiglon*, die Hoffnung der Franzosen, war dahin. Der große Adler, das Herrschaftssymbol der Habsburger, aber war unversehrt geblieben, man sah darin ein Zeichen für den Fortbestand der Monarchie. Die Geschichte vom Schönbrunner Adler als mysteriöser Todesbote erzählt man sich bis heute. (Nach mündlicher Überlieferung durch Dr. Erich Krenslehner/Wien).

TIPP
12., Schloss Schönbrunn. Schauräume. Geöffnet täglich von 9:00–18:00. Gemächer des Herzogs von Reichstadt (Napoleonzimmer).

6. SCHWARZE SONNE ÜBER WIEN

„Nie und nie in meinem ganzen Leben war ich so erschüttert, von Schauer und Erhabenheit so erschüttert, wie in diesen zwei Minuten, es war nicht anders, als hätte Gott auf einmal ein deutliches Wort gesprochen und ich hätte es verstanden. Ich stieg von der Warte herab, wie vor tausend und tausend Jahren etwa Moses von dem brennenden Berge herabgestiegen sein mochte, verwirrten und betäubten Herzens." Mit diesen Worten schildert der österreichische Dichter Adalbert Stifter (1806–1858) ein unheimliches Naturphänomen, ein astronomisches Ausnahmeereignis, das ihn und die Wiener vor fast 170 Jahren bis ins Mark erschütterte.

Die Sonnenfinsternis vom 8. Juli 1842

Es handelte sich um die totale Sonnenfinsternis vom 8. Juli 1842, die Stifter von seinem Wohnhaus in der Seitenstettengasse nahe der Ruprechtskirche beobachtete. Er schreibt: „Ich stieg um 5 Uhr auf die Warte des Hauses Nr. 495 in der Stadt, ... endlich zur vorausgesagten Minute – gleichsam wie von einem unsichtbaren Engel empfing die Sonne den sanften Todeskuss – ein feiner Streifen ihres Lichtes wich vor dem Hauche dieses Kusses zurück ..." Als sich die Sonne verfinsterte und

Adalbert Stifters Wohnhaus, von dem aus er die Sonnenfinsternis vom 8. Juli 1842 beobachtete.

Gedenktafeln an Adalbert Stifter und die von ihm beschriebene Sonnenfinsternis.

jeglicher Laut verstummte, die Menschen schwiegen, die Vögel aufhörten zu singen und die Haustiere sich verkrochen, kamen Stifter die Worte der Bibel in den Sinn: „Die Sonne verfinsterte sich, die Erde bebte, die Toten standen aus den Gräbern auf, und der Vorhang des Tempels zerriss von oben bis unten.“

Die Wiener waren zutiefst ergriffen von dem Naturphänomen, das viele von ihnen gar nicht verstanden und deshalb darin ein Zeichen des nahenden Weltuntergangs sahen. Der Stephansdom, ihr Wahrzeichen und Anker, entschwand wie ein Phantombild, sie blickten zur Donau, die sich zu kräuseln begann. Ein aufbrausender Wind peitschte die Wellen und verstärkte das Horrorszenarium: „… draußen an dem Kahlengebirge und jenseits des Schlosses Belvedere war es schon, als schliche Finsternis wie ein böses Tier heran … Seltsam war es, dass dies unheimliche, klumpenhafte, tiefschwarze vorrückende Ding, das langsam die Sonne wegfraß, unser Mond sein sollte …“. Plötzlich wurde es empfindlich kalt (die Temperatur sinkt während einer Sonnenfinsternis um 6 Grad) und Gruselschauer liefen den Leuten über den Rücken. Schwarze Wolken türmten sich wie drohende Riesen auf, eisgraue Nebelbänke quollen aus der Donau heraus und verdunkelten den Rest der schimmernden Lichtsichel. Eine bleierne Finsternis lag über der Stadt. Über das Marchfeld ergoss sich ein schwefelgelber Lichtkegel, als ob der Teufel selbst am Werk war. In diesem Moment schrien viele nach Feuer, wollten gar die Häuser anzünden, um Licht zu sehen. Ohnmacht und Verzweiflung ergriff sie. „Die Schatten unserer Gestalten legten sich leer und inhaltslos gegen das Gemäuer, die Gesichter wurden aschgrau. Erschütternd war dies allmähliche Sterben mitten in der noch vor wenigen Minuten herrschenden Frische des Morgens.“ Ringsum herrschte Totenstille. „Es war der Moment, da Gott redete und die Menschen horchten.“

Stifters eindrucksvolle Schilderung des gruseligsten Naturschauspiels, das je ein Auge in dieser Stadt gesehen hatte, erschien noch im Juli 1842 in der „Wiener Zeitschrift für Kunst, Literatur, Theater und Mode“. Bis zum heutigen Tag zitieren Astronomen diesen Bericht Stifters, wenn sie über Sonnenfinsternisse referieren. Der bekannte Maler und Dichter Stifter hatte übrigens kein glückliches Leben, zunächst verdiente er seinen Lebensunterhalt als Hauslehrer, später als Schulinspektor und Landeskonservator von Oberösterreich. Doch führten Geldsorgen und sein schlechter Gesundheitszustand zu einem Selbstmordversuch, an dessen Folgen er zwei Tage später in Linz verstarb.

TIPP
1., Seitenstettengasse/Judengasse. Stifters Wohnhaus von 1842 bis 1848, wo er die Sonnenfinsternis beobachtete. Stifters Text ist nachzulesen auf www.literaturcafe.de/sonne/

7. DER SCHWARZE TOD

1., GRABEN PESTSÄULE

Der schwarze Tod, wie man die Pest nannte, war die schlimmste aller Seuchen bis herauf ins beginnende 18. Jahrhundert, sie traf Europa in mehreren Schüben und rottete ganze Städte und Landstriche aus. Die Mediziner hatten der Krankheit nur wenig bis gar nichts entgegen zu setzen. Ein Engel soll den Verzehr von Engelwurz empfohlen haben, einer Pflanze aus der Familie der Doldenblütler. Die Stuben räucherte man mit Wacholdernadeln aus, Rubine und Saphire tauchte man in Wacholderöl und zeichnete damit Zauberkreise um die Krankenzimmer.
Woher die Krankheit kam und wie sie übertragen wurde, blieb lange unbekannt, ein Hygienebewusstsein war nicht vorhanden. Dem Aberglauben waren Tür und Tor geöffnet. So sah man selbst im 17. Jahrhundert die Pest als Strafe für einen lästerlichen Lebenswandel an, gesandt vom Himmel durch den Atem Gottes, für den man unerklärliche Nebelschwaden hielt.

Biologische Kriegsführung im Mittelalter?

Auf Federzeichnungen in einem von Jakob Mennel im Jahr 1503 verfassten Werk „Über Wunderzeichen" wird dargestellt, welche unheimlichen Zeichen vor Ausbruch von Pestepidemien am Himmel zu sehen waren: Sonnen, die sich wie Wagenräder drehten, Nebelwolken in Drachengestalt, Blutregen und vom Himmel fallende Tiere, wie Fische, Frösche, Eidechsen und dergleichen. Solch gruseliges Getier soll ja auch heute noch gelegentlich vom Himmel fallen, wenn man den Medien glauben darf. Und doch enthalten diese Berichte ein Körnchen Wahrheit, denn die große Pest der Jahre 1348/49 war tatsächlich vom Himmel gefallen und von gruseligem Getier verbreitet worden. Im Jahre

Folgende Doppelseite: Erinnerung an den „Schwarzen Tod": die Pestsäule am Graben.

FRICK
Die
NÄGELE&
STRUBELL
VALMONT
NÄGELE&
STRUBELL
VALMONT
NÄGELE&
STRUBELL

Schneider
KNIZE
SALE
PELZE & TEPPICHE
ACHERMEISTER RUD
Buchegger

1346 ließ der Tartarenfürst Khan Djam Bek die Hafenstadt Kaffa nämlich mit Pestleichen beschießen, und von dort aus trat die Seuche mit Hilfe der Ratten auf genuesischen Schiffen ihren Siegeszug über Marseille und Genua durch ganz Europa an. Geschätzte 25 Millionen Menschen fielen ihr zum Opfer, das war ein Drittel der Gesamtbevölkerung.

Kein Ereignis hat die Gesellschaft je so verändert wie diese Seuche. Vorher gültige Normen wurden über den Haufen geworfen, die Menschen gerieten außer Rand und Band, die Wirtschaft brach zusammen. Eine Seuche entstand nach der damals gängigen Lehre durch Verunreinigungen (Miasmen), die sich unter bestimmten klimatischen

Das Restaurant „Griechenbeisl", in dem einst der liebe Augustin sang, Dudelsack spielte und die Pest überlebte.

Der liebe Augustin, ein Wiener Original.

Bedingungen in der Luft befänden und eingeatmet wurden. Schuld an solchen Pest erzeugenden Stoffen waren Planetenkonstellationen, starke Sonneneinstrahlung, faulende organische Stoffe und Sümpfe. Sie war demnach eine Massenvergiftung, wogegen nur die Flucht in eine unverseuchte Landschaft half. Zwischen 1298 und 1314 wurden über Europa sieben große Kometen gesehen, einer davon war von „grauenerregender Schwärze", und größere Pestepidemien gab es in Österreich in den Jahren 888, 1006 bis 1009, 1312/13, 1337, 1348, 1370, 1381, 1410/11, 1435, 1521, 1529, 1541, 1563, 1570, 1586, 1588, 1679, 1691 und 1713/14. In kleinerem Ausmaß trat die Krankheit aber auch in etlichen anderen Jahren auf, sie war und blieb eine ständige Bedrohung. Die Universität von Paris machte 1348 die Dreierkonstellation aus Saturn, Jupiter und Mars vom 20. März 1345, die in vierzig Grad zu Aquarius stand, verantwortlich für die europaweite Epidemie. Die „Schedel'sche Weltchronik" bringt die Pest hingegen mit einer Heuschreckenplage in Zusammenhang, ebenfalls ein gruseliges Ereignis, und über eine solche wurde mehrfach auch aus Wien berichtet.

Der liebe Augustin als Warnung vor der Trunksucht

Der Stand der Weinbrenner verdankt seinen Aufstieg aus bescheidenen Anfängen paradoxerweise der großen Pest von 1348. Ärzte träufelten Aqua vitae, das Lebenswasser, auf Taschentücher und Gesichtsmasken, um sich vor Ansteckung zu schützen, man badete buchstäblich in Branntwein und trank ihn zur Stärkung. Wer weiß, wie vielen Menschen die keimtötende Wirkung des brennenden Wassers das Leben gerettet hat. Doch mit der Zeit änderten sich die Anschauungen, man wollte die weit verbreitete Trunksucht eindämmen. Als die Ärzte Managetta und Sorbait im 17. Jahrhundert eine Pestordnung für Wien herausbrachten, stand darin folgende abschreckende Geschichte zu lesen: „... erzählt man sich von einem Dudelsackpfeifer, welcher in einem Wirtshaus eingeschlafen war, für einen an der Pest Verstorbenen gehalten und in die Pestgrube auf andere unbedeckte Körper geworfen worden war. Als er aber erwachte und um sich griff, meinte er, daß es diejenigen wären, mit welchen er getrunken hatte und wollte sie ermuntern, zog aus dem Sacke seine Pfeife hervor und pfiff, wodurch die mit einer anderen Leiche ankommenden Totenträger nicht wenig erschrocken sind." Diese Geschichte wurde aufgegriffen, weiter erzählt und ausgeschmückt, bis 1694 der Schlesier Feigius in einem Büchlein diesem Helden den Namen Augustin gab. Im 19. Jahrhundert setzte eine regelrechte Augustin-Forschung ein, welche die Geschichte an der historischen Persönlichkeit des Augustin Marx (1643–1705), einem Wiener Sänger und Dudelsackpfeifer, und am Gasthaus „Zum Roten Adler" (heute Griechenbeisl) festmachte. Die Legende berichtet, dass Augustin sein Abenteuer unbeschadet überstand. Ob dieses Wunder vielleicht seinem Alkoholpegel zuzuschreiben war oder ganz und gar wunderbar und unerklärlich ist, darüber rätseln die Wiener noch heute.

TIPP
1., Graben. Pestsäule. 1., Griechengasse 9. Puppe im Keller des Restaurants „Griechenbeisl".
Literaturtipp: Anna Ehrlich, Ärzte – Bader – Scharlatane, Wien 2007.

8. BLUTREGEN UND HEUSCHRECKENPLAGEN

Der rote Regen

Viele gruselige Geschichten verdanken wir den Sensationsmeldungen der vergangenen Jahrhunderte. In der 1911/12 erschienenen Sammlung „Das Neueste von gestern" steht zu lesen: „Wien, den 20. Mai 1620. Vorgestern in der Nacht hat es dieser Orten und allhier Blut und Schwefel geregnet, die Bedeutung ist Gott bekannt."
„Wien, den 28. Juni 1720. Von wegen des Blutregens, wovon debitiert worden ist, vernimmt man nun, dass es kein Blut aus den Wolken gewe-

ESSENTIA ET TRINO IN PERSONIS,
DEO:

sen ist, sondern dass eine große Menge Fliegen als rote Würmer selbiger Gegend gewesen, so im Fliegen eine rote Materie tropfenweise haben fallen lassen."
Roten Regen gibt es tatsächlich, das Wasser ist gefärbt durch roten Wüstensand oder durch Pollen. Die „Blutregenalge" färbt stehende Gewässer rot – Grund genug für die Annahme, es handle sich dabei um ein übles Vorzeichen.

Linke Seite: Geißel der Menschheit: die Pest

Die Heuschrecken

8., Buchfeldgasse.

Die Wanderheuschrecke tritt zumeist im nördlichen Afrika auf, wo sie in unregelmäßigen Abständen zur wahren biblischen Plage wird. Riesige Schwärme verfinstern den Himmel und fressen alles kahl, Hungersnöte sind die Folge. Gelegentlich werden die Tiere bis Mitteleuropa verdriftet, wo sie aber ein lokales Problem bleiben und bald zu Grunde gehen. In den Mittelmeerländern kommt die Europäische Wanderheuschrecke (Locusta migratoria) vor, in Österreich verursachen gelegentlich massenhaft auftretende Miramella – Arten größere Schäden. Als es noch mehr Auwälder entlang der Donau gab, bildeten sich öfter Heuschreckenschwärme, sodass man in Wien damit rechnen musste. In den Jahren 1195, 1338 und 1473 soll die ganze Ernte von ihnen vernichtet worden sein. 1749 soll ein gewaltiger Schwarm in Penzing die Felder verwüstet haben. Maria Theresia ließ sie der Sage nach durch bewaffnete Reiter vertreiben. Als sich ein solcher Schwarm einst auf dem Buchfeld niedergelassen hatte, eilten die Knechte zu ihrem Gutsherrn, um ihm davon zu berichten. Er sattelte sein Pferd, nahm seine Hunde und ritt hinaus, um Nachschau zu halten. Das Rauschen der Heuschreckenflügel erschreckte die Hunde dermaßen, dass sie sofort Reißaus nahmen. Wutentbrannt zog der Ritter sein Schwert und stürzte sich hoch zu Ross kämpfend in den Schwarm. Das erschreckte Pferd warf ihn ab.
Am nächsten Morgen kamen die Knechte wieder zum Buchfeld, kein Getreidehalm stand mehr auf dem Acker. Am Boden lagen die kahlgefressenen Gerippe des Ritters und seines Pferdes.
Die Geschichte entbehrt jeder Logik, denn es sind vegetarische Heuschrecken, welche die Felder kahlfressen. Diejenigen, die Mischkost schätzen, bilden keine Schwärme. Als übles Vorzeichen konnte ein Schwarm aber stets gedeutet werden, und dass man diese Plage auch für die Pest verantwortlich machte, ist nicht weiter erstaunlich. Heuschrecken in Massen sind jedenfalls ein gruseliger Anblick.

Folgende Doppelseite: Legendäre Flüche überschatten das Haus Habsburg.

VI. Kapitel

Legendäre Flüche

1. FLUCH ÜBER HABSBURG

1., Annagasse 10.

Im Laufe ihrer langen Geschichte ereigneten sich bei der Familie Habsburg im Mannesstamm immer wieder mysteriöse und vernichtende Schicksalsschläge, sodass man fast an einen Fluch glauben könnte. Oder besser gesagt, gleich an mehrere Flüche, die bei folgenden Geschehnissen in Erfüllung gegangen sein könnten: 1308 Ermordung König Albrechts I. durch seinen Neffen Johann Parricida, 1457 Aussterben der Albertinischen Hauptlinie mit Ladislaus Posthumus, 1619 Aussterben der nächsten regierenden Hauptlinie mit Matthias, 1700 Aussterben der spanischen Habsburger mit Karl II. von Spanien, 1740 Aussterben der österreichischen Habsburger mit Karl VI.

1918 Thronverlust Karls I. von Österreich. Darüber soll hier jedoch nicht spekuliert werden, wohl aber über einen Fluch, der im Jahre 1849 in der Annagasse 10 gegen Kaiser Franz Josef ausgesprochen worden sein soll und der möglicherweise die Ursache dafür war, dass ihm „doch nichts erspart" geblieben ist: „Himmel und Hölle soll sein Glück vernichten, sein Geschlecht soll vom Erdboden verschwinden, und er selbst soll heimgesucht werden in den Personen derer, die er liebt! Sein Leben sei der Zerstörung geweiht, und seine Kinder sollen elend zugrunde gehen!" Der Fluch war kraftvoll, denn eine verzweifelte Mutter soll den Kaiser am 6. Oktober 1849 damit belegt haben. Borbála

Im Stiegenhaus Annagasse 10: Hier verfluchte eine verzweifelte Mutter das Geschlecht der Habsburger.

Das Eingangstor des „Fluchhauses".

Skerlecz de Loronicza (1782–1854) war nach Wien gekommen, um den Monarchen um Gnade für ihren unschuldigen Sohn Graf Lajos Batthyány von Németújvár anzuflehen. Dieser hatte seine schulische Ausbildung übrigens in Wien im Schottengymnasium genossen, wo er auch seine politischen Ansichten entwickelt hatte. Er war kein Mann der Gewalt, sondern wollte für Ungarn auf dem Verhandlungswege mehr Rechte durchsetzen. Während der Revolution bildete er als Ministerpräsident eine kurzfristige Regierung, wurde dann aber von den Nationalisten vereinnahmt und schließlich von General Julius Haynau (1786–1853), dem Schlächter Ungarns, auch Hyäne von Brescia und Blutrichter von Arad genannt, im Haus seines Schwagers Károlyi verhaftet. Im Vertrauen auf die Gerechtigkeit und später auf die Gnade des jungen Kaisers lehnte er jede Möglichkeit zur Flucht ab.
Als dem 42-Jährigen am 30. August 1849 das Urteil „Tod durch den Strang" gesprochen wurde, schmuggelte seine Gemahlin am Vorabend der Hinrichtung einen Dolch in seinen Kerker, mit dem er sich die Halsschlagader aufzuschneiden versuchte, um nicht wie ein gemeiner Verbrecher am Galgen zu enden. Schwer verletzt schleppte man ihn am 6. Oktober 1849 trotzdem zur Hinrichtung, nur dass statt des Henkers ein Erschießungskommando angetreten war. Erfüllte sich der Fluch seiner verzweifelten Mutter auf unheimliche Weise?
Schon am 18. Februar 1853 verübte ein Ungar namens Libenyi ein Attentat auf den Kaiser, das aber vereitelt werden konnte. Der Bruder des Kaisers, Maximilian von Mexico, trat am 19. Juni vor ein Erschie-

ßungskommando in Queretaro/Mexico. Am 30. Januar 1889 verlor der Kaiser seinen einzigen Sohn in Mayerling und am 10. September 1898 seine geliebte Frau Elisabeth durch die Hand eines Anarchisten in Genf.

TIPP

1., Annagasse 10. Hier soll sich Batthyánys Mutter am 6. Oktober 1849 aufgehalten und Kaiser Franz Josef verflucht haben.

2. DER FLUCHBELADENE EDELSTEIN

EHEMALS 1., HOFBURG, SCHATZKAMMER. VITRINE XIII.

Das burgundische Erbe

Bis 1918 befand sich in der Schatzkammer der „Florentiner“, ein riesiger Diamant von einzigartigem gelblichem Feuer. Groß wie eine Walnuss, wog er zuletzt 137,27 Karat, er war in Form eines Brioletts mit neunfacher Anordnung der Facetten geschliffen. Seine Herkunft liegt im Dunkeln, vielleicht stammte er genau wie der Gral aus burgundischem Besitz. Die Überlieferung lässt den Vater Marias, der Gattin Kaiser Maximilians I., Herzog Karl den Kühnen von Burgund (1433–1477) den Diamanten 1477 in der Schlacht von Nancy bei sich tragen, zusammen mit zwei weiteren. Nach dessen Schlachtentod habe ein schweizerischer Landsknecht die Steine gefunden und danach verkauft. So sollen sie über Genua an Herzog Lodovico il Moro von Mailand gekommen sein, der sie Papst Julius II. überlassen habe. Später kam der gelbe Diamant an die Medici nach Florenz, wo er seinen Namen erhielt, und nach deren Aussterben 1737 an den neuen Großherzog der Toskana, der kein anderer war als Franz Stephan von Lothringen, Maria Theresias Gemahl.
Einer anderen Überlieferung nach soll der Stein über Basel durch die Fugger nach England und durch die Heirat von Maria der Blutigen mit König Philipp I. nach Spanien in den Besitz der Habsburger gelangt sein. Damit nicht genug, gibt es eine weitere Tradition, die den Stein eine portugiesische Kriegsbeute in Indien sein und durch Kauf an Franz Stephan kommen lässt. Der Florentiner gehörte zu seinem Privatvermögen, damit also zu den privaten Schmuckstücken der Familie Habsburg und niemals zum Staatsbesitz. 1918 war er auf einer Hutagraffe befestigt, wie das einzige von ihm existierende Foto beweist.

Verfluchter Stein

Der Wiener Autor Ackermann versuchte in einem Roman und einem Film den Legenden um den berüchtigten Diamanten auf den Grund zu gehen, was er selbst als gefährliches Abenteuer bezeichnet.
Der Versuch der Entwirrung des Geflechts aus Legenden, Lügen und historischen Fakten war ein bedrohliches Unterfangen und führte ihn in obskure Welten, von deren Existenz er bis dahin nichts wusste. Liegt ein Fluch auf dem Stein? War es die Vitrine Nr. XIII, die ihm Unglück brachte? Zerstörte er Familien, Dynastien und Länder?
Ganz so schlimm wie sein Ruf war er wohl nicht. Sollte es stimmen, dass er einst in Indien eine Götterstatue geschmückt und von dort geraubt worden war, könnte der Fluch, der dem Dieb galt, aber auf dem Stein haften geblieben sein. War er deshalb schuld am Schlachtentod Karls des Kühnen? An der Gefangennahme Lodovico Sforzas durch die Franzosen? An der Hinrichtung Marie Antoinettes, die den Stein von ihren Eltern erhalten hatte? Am Sturz Napoleons, der ihn seiner Frau Marie Louise geschenkt hatte? Am frühen Tod seines Sohnes? Nur die Päpste blieben anscheinend verschont, offenbar kann die Kirche besser mit Flüchen umgehen. Heute kann der Florentiner wohl keinem Menschen mehr schaden, denn er ist verschwunden. Ebenfalls verschwunden ist eine Kopie aus anderem Material, die ihm verblüffend geglichen haben soll und sich auch in der Schatzkammer befand.
Die Erklärung dafür ist vermutlich recht einfach, aber wir kennen sie nicht. Knapp nach Abschluss des Waffenstillstandes mit den Alliierten, am 4. November 1918, ließ Kaiser Karl den privaten Schmuck der Habsburger aus der Schatzkammer entnehmen und durch den Oberstkämmerer Graf Leopold Berchtold in einen Safe in der Schweizerischen Nationalbank bringen, was in Wien rasch bekannt und zum Politikum wurde. Dies gab den Anstoß zu den Habsburgergesetzen, die junge Republik hätte nämlich gerne auch noch den privaten Schmuck der Habsburger verstaatlicht. Der abgesetzte Kaiser verfügte im Ausland über keine Vermögenswerte, daher war auch ihm der Schmuck sehr wichtig. Er plante etliches davon zu verkaufen, ganz gewiss aber weder den Florentiner noch die Kaiserinnenkrone. Seine prekäre finanzielle Situation zwang ihn aber, die wertvollen Stücke zu verpfänden. Der Unterhändler, der die Gegenstände schätzen sollte, scheint sie veruntreut zu haben, denn die Familie lebte nicht gerade im Luxus. Als Kaiserin Zita nach dem Tod ihres Mannes den Verdächtigten suchte, war er verschwunden und alle Wertgegenstände mit ihm. Man kann vermuten, dass die Steine aus ihren Fassungen gebrochen und einzeln verkauft und der Florentiner umgeschliffen oder gar gespalten wurde, sonst wäre er erkannt worden und unverkäuflich gewesen. Dies wirft die Frage auf, ob nach 1918 irgendwo ein großer, gelber Diamant zum Verkauf stand.

Tatsächlich war dies zweimal der Fall: 1923 tauchte in Amerika ein fast 100 Karat schwerer gelber Diamant namens „Shah d'Iran" auf, der wohl nichts mit dem Florentiner zu tun hatte. 1981 aber gelangte bei Christie's ein namenloser gelber Stein zur Versteigerung, der 81,56 Karat wog. Er wurde einem Telefonbieter zugeschlagen (möglicherweise als Geschenk für einen sehr berühmten Filmstar), doch wer ihn in das Auktionshaus brachte, ist unbekannt. Handelt es sich bei diesem Stein um den Rest des Florentiners? Und könnte der alte Fluch vielleicht auch den Käufer getroffen haben?

TIPP
1., Hofburg. Schatzkammer und 1., Maria-Theresienplatz, Naturhistorisches Museum. Edelsteinsammlung der Habsburger. Geöffnet täglich außer Dienstag 9:00–18:30, Mittwoch bis 21:00
Literaturtipp: Ackermann, Rolf: Der Fluch des Florentiners. Mythen, 2006.
Der Film „Des Kaisers Diamant" wurde am 15. April 2007 ausgestrahlt.

3. HEXENSPUK IN DER GLUTHMÜHLE

14., Wien-Hütteldorf, Utendorfgasse 27

Vor langer Zeit stand eine Mühle in Hütteldorf, die „Gluthmühle". Sie lag an einem Mühlbach, der bei Maria Brunn vom Wienfluss abzweigte, durch Hütteldorf floss und bei Penzing wieder in die Wien einmündete. Sein Verlauf und die Brücken sind noch heute zu erkennen, obwohl er seit der Ende des 19. Jahrhunderts erfolgten Flussregulierung kein Wasser mehr führt. Damals musste auch die Gluthmühle ihr Mühlrad stilllegen, genau wie viele andere Mühlen auch. Seit der Zeit Herzog Rudolfs des Stifters (1339–1365) wurde die Gluthmühle auch Hexenmühle genannt, da dort eine Hexe gehaust haben soll. Sie soll Geister beschworen und sich auf allerlei Zauber verstanden haben. Ein schlauer Priester wollte ihre Fähigkeiten zu Geld machen und bot dem Herzog an, ihn mit der Hilfe der Hexe in die hohe Kunst der Geisterbeschwörung einzuführen.
Rudolf lehnte das nicht nur erzürnt ab, sondern ließ die beiden festnehmen. Sie sollten in Säcke eingenäht und in der Donau ertränkt werden. Die Hexe flehte vergeblich um Gnade. Der Priester erbat sich noch eine letzte Gunst: Er wollc die Beichte ablegen und die Sterbesakramente empfangen. Der Herzog verweigerte ihm dies, da ein Priester, der mit dem Teufel im Bunde stünde, jedes Recht eines anständigen Christenmenschen verwirkt habe. Da verfluchte ihn der Verurteilte und sagte, Rudolf werde noch vor Jahresende selbst seine letzte Reise antreten und sich vor dem höchsten Richter für seine Grausamkeit rechtfertigen müssen. Kurz danach erkrankte der Herzog in Mailand, von Todes-

ahnungen geplagt, sorgte er für seine Nachfolge und regelte seine Angelegenheiten. Er starb völlig unerwartet im Alter von 26 Jahren. Hat sich der Fluch des Priesters auf schreckliche Weise erfüllt?
Die alte Gluthmühle steht noch heute, vielfach renoviert und umgebaut. In ihren Mauern sollen sich bisweilen Geisterscheinungen zutragen. Sind es die Geister der Hexe und des Priesters oder von ihnen beschworene Geister? Oder irrt gar Herzog Rudolfs Geist dort herum?
(nach Klusacek/Stimmer: Penzing – vom Wienfluss zum Wienerwald)

Hexenspuk in der Gluthmühle in Wien-Hütteldorf.

TIPP

14., Linzer Straße 429. Park des Europahauses. Zwei ehemalige Brücken über den Mühlbach sind noch zu sehen. Der Bach ist längst verschwunden, aber der Weg führt noch immer zwischen zwei Brückengeländern hindurch.
14., Utendorfgasse 27. Gluthmühle. vielfach umgebaut, heute Wohnhaus.

Folgende Doppelseite: In den unterirdischen Labyrinthen von Wien lauert das Unheimliche, das Unbekannte.

VII. Kapitel

Die Unterwelt von Wien

Rechte Seite oben: Die Gruft der Kirche Am Hof: Auch sie wurde im Zweiten Weltkrieg als Luftschutzkeller genützt. Rechte Seite unten: Knochenfunde in der Gruft Am Hof.

Die Stadt Wien sitzt auf einem faszinierenden Schatz, den sie bisher noch nicht gehoben hat: der Unterwelt mit ihren schaurigen Kellern, modrigen Grüften, Luftschutzstollen und unterirdischen Gängen aus fernster Zeit. In den versteckten, unbekannten, unterirdischen Labyrinthen der alten Häuser und Plätze lauert das Unbekannte, Unheimliche, Angsterregende, dort öffnet sich ein magisches Portal in eine Welt, die den meisten Wienern und Besuchern verborgen bleibt. Die Autorin und der Fotograf möchten mit der Beschreibung der seit Jahrzehnten unbetretenen Keller, der verborgenen Treppen und der Menschen, die in dieser Unterwelt einst lebten, dem Leser einen kleinen Einblick bieten.

1. DIE ENTDECKUNG EINER UNBEKANNTEN GRUFT

Im Jahr 2004 untersuchte der Fotograf dieses Buches die Gruftanlagen unter mehreren Wiener Kirchen, wobei ihm eine sensationelle Entdeckung gelang. Durch Pater Ilija Vrdoljak, Pfarrer der Kirche Am Hof, auf einen bis dahin unbekannten unterirdischen Raum aufmerksam gemacht, öffnete er eine vielleicht Jahrhunderte lang unbetretene Gruft. Zunächst wurden die Kirche und die bereits bekannten Gruftanlagen erkundet. Im Steinboden fanden sich an mehreren Stellen kleine Öffnungen. Da es weder Pläne der Krypta noch Aufzeichnungen über die einzelnen Grüfte gab, erhielt das Team die Erlaubnis, die Öffnungen mit einem Endoskop zu untersuchen, und tatsächlich befand sich ein dunkler, unbekannter Raum darunter. Es gelang, eine kleine Kamera durch eine dieser Öffnungen zu schieben. Mit der Kamera wurde eine Lampe mitgeführt, um damit auch genügend Licht einzubringen. Das Bild, das sich bot, war eine Sensation: Auf dem Monitor wurde ein riesiger tonnengewölbter Keller sichtbar.

Alles war verstaubt, mit Spinnweben überzogen und schlummerte seinen ewigen Schlaf. Die Entdeckung wurde fotografiert und im Buch *Mystisches Wien* publiziert. Das Öffnen der unbekannten Gruft war zu diesem Zeitpunkt leider nicht möglich.

Zwei Jahre später

Folgende Doppelseite: Die teilweise unerforschten Gruftanlagen unter der Kirche Am Hof.

Im Jahr 2006 erhielt Robert Bouchal einen Anruf der Pfarrkanzlei Am Hof: In der Kirche würden gerade Restaurierungsarbeiten durchgeführt und die damit betrauten Fachleute hätten gerne gewusst, was sich über der zu bearbeitenden Decke befände. Mit seiner bereits

Zum
Luftschutzraum

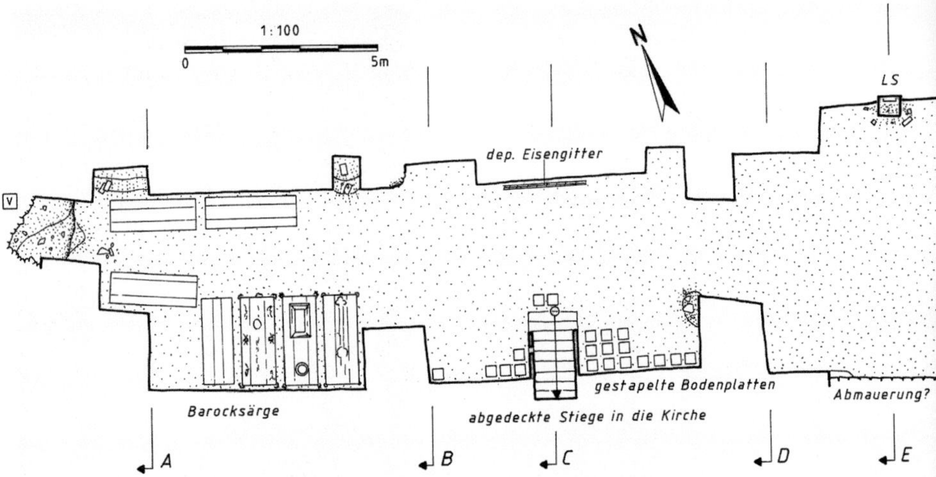

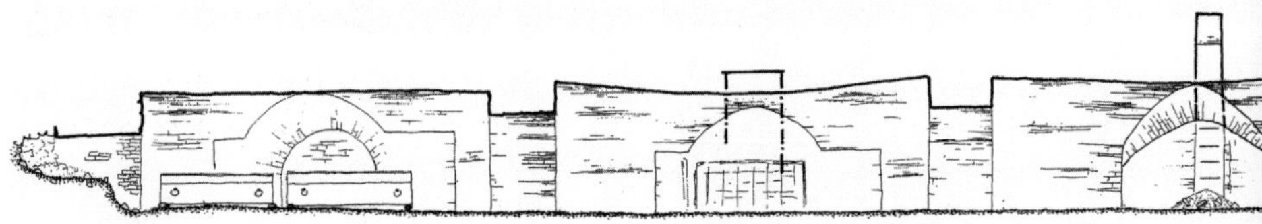

Kirche am Hof
„Zu den neun Chören der Engel"
Nördliche Seitengruft

Wien 1., Schulhof 1

Vermessung:
Robert Bouchal (Visur), Eckart Herrmann (Entwürfe), Thomas Stolba, 14. 12. 2004, Landesverein für Höhlenkunde in Wien und NÖ.
Zeichnung: E. Herrmann 2005

SCHNITTE

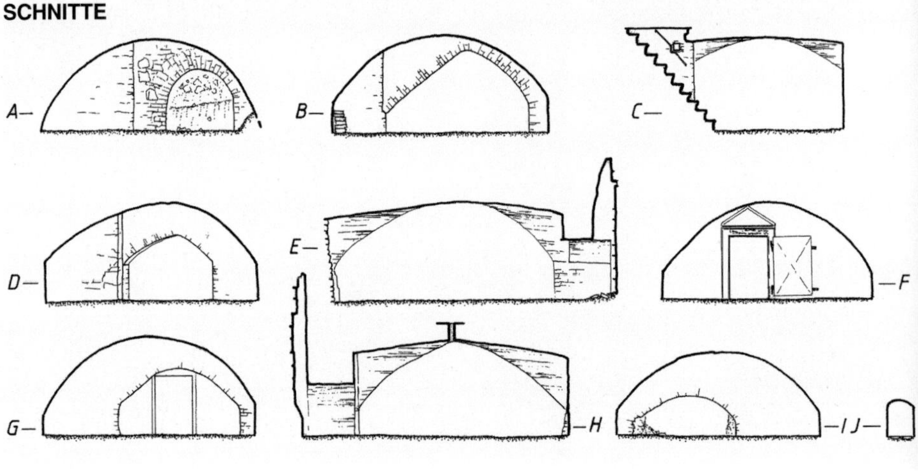

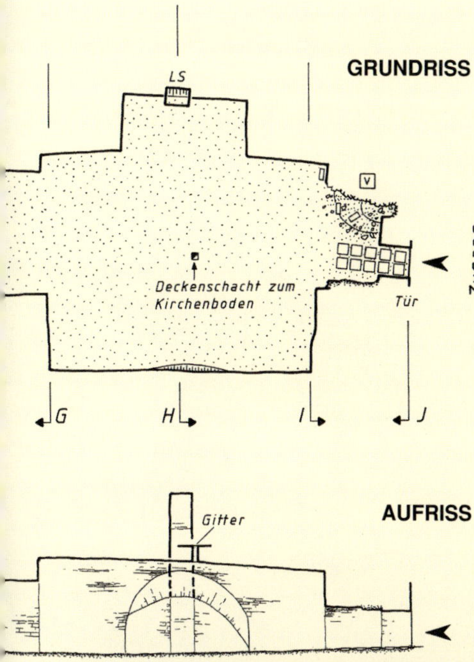

Links: Plan der neu entdeckten Gruft unter der Kirche Am Hof (Planzeichnung: Eckart Herrmann)
Oben: Sargmedaillon in der Montecuccoligruft.
Unten: Der Totenkopfaltar im ehemaligen Luftschutzkeller

Kupfersarg der Familie Montecuccoli, darüber der Holzsarg eines Jesuitenpaters.

bewährten Miniaturkamera durchdrang der Fotograf daraufhin die Decke und konnte in den Hohlraum darüber blicken. Doch welche kunstgeschichtliche Sensation erwartete ihn, die Geistlichen und die Restauratoren! Ein zweiter, reich verzierter Plafond verbarg sich über der sichtbaren Decke des Kirchenschiffs! Robert Bouchal stellte das gewonnene Bildmaterial den mit der Kirchensanierung beauftragten Restauratoren für weitere Forschungsarbeiten zur Verfügung.

Die Montecuccoli-Gruft

Auf Grund dieser Entdeckung erhielt Robert Bouchal nun die Genehmigung zum Öffnen der zwei Jahre zuvor fotografierten Gruft. Eine kleine Öffnung wurde in einen bis dahin verschlossenen Zugang geschlagen, kalte, modrige Luft strömte den Eindringlingen entgegen. Sie bemerkten, dass die Gruft aus vier großen Kammern bestand, nur bröckelndes Mauerwerk störte die unheimliche Stille. Zu ihrer Überraschung entdeckten sie in der hintersten Kammer sieben große Kupfersärge und einen kleinen Holzsarg, von denen sie Fratzen anstarrten. Die Sargdeckel waren mit Medaillons verziert, welche die Namen der hier ruhenden Toten verkündeten. Es handelte sich um die im 17. Jahrhundert angelegte und mit einer schweren Grabplatte verschlossene Grab-

stätte der Familie Montecuccoli. Wie lange waren diese unterirdischen Gewölbe wohl nicht mehr betreten worden? Waren die Jesuitenpatres etwa die letzten, die hier einen Toten in dem kleinen Holzsarg zur ewigen Ruhe betteten?
Robert Bouchal konnte gemeinsam mit Eckart Herrmann, einem Mitglied des Landesvereins für Höhlenkunde in Wien und in NÖ, eine Vermessung der gesamten Gruft vornehmen, danach wurde sie der Öffentlichkeit in der „Langen Nacht der Kirchen“ zugänglich gemacht, tausende Menschen drängten sich hinunter. Nach den nötigsten Restaurierungsarbeiten wurde die Gruft wieder verschlossen. Heute ist sie für die Öffentlichkeit nicht zugänglich, der Zugang für weitere Forschungsarbeiten jedoch bedeutend erleichtert. Bei den hier bestatteten Toten handelt es sich um Hieronymus (Girolamo) Graf Montecuccoli (1583–1643) und seine Gattin Barbara Freifrau von Concin (1600–1644). Neben ihnen ruht der Ziehsohn und Neffe, Feldmarschall Fürst Raimund Montecuccoli (1609–1680), der gefeierte Sieger der Schlacht von Mogersdorf 1664, und einige andere Mitglieder des berühmten Adelsgeschlechts. Im bescheidenen, kleinen Holzsarg befinden sich die sterblichen Reste des Jesuitenmärtyrers P. Boranga.
Anlässlich der Arbeiten an diesem Buch besuchten die Autorin und der Fotograf im Sommer 2010 die Montecuccoligruft. Etwas unheimlich ist der Abstieg noch immer, obwohl er mittlerweile seinen schaurigen Charakter verloren hat. Pater Elias, der sich seit 13 Jahren aufopfernd um die Erhaltung der Kirche bemüht, reinigte die Särge und den Boden. Die Kirche „Zu den neun Engelschören“ zählt heute zu den am besten gepflegten Kirchen Wiens.

Vorhergehende Doppelseite: Die Montecuccoligruft. Nach Jahrhunderten wurde sie erstmals wieder betreten.

Der Totenkopfaltar

Eine weitere Überraschung bot sich in der größten der unterirdischen, aber immer schon zugänglichen Grüfte. Sie wurde im Krieg sichtlich als Luftschutzraum benutzt: Blechtafeln mit Hinweispfeilen und Aufschriften zu den nächst gelegenen Ausstiegen sind noch an der Wand befestigt. In einer Apsis steht ein bemalter Altar, darauf zwei Totenschädel als makabre Erinnerung an den Tod. Es ist eine unheimliche Vorstellung, dass Menschen hier im Dunkeln saßen, während neben ihnen die Bomben einschlugen. In der Mitte des Raumes öffnet sich ein alter Brunnenschacht, er ist bis oben hin angefüllt mit menschlichen Knochen und Totenschädeln. Pesttote, Kriegstote, natürlich Verstorbene und mit dem Schwert Hingerichtete, sie alle fanden darin ihre letzte Ruhestätte.

Literaturtipp: Robert Bouchal/Johannes Sachslehner: Mystisches Wien. Wien 2004.

2. KELLERLABYRINTHE UM ST. MICHAEL

1., MICHAELERPLATZ.

Der Michaelerplatz war schon zur Römerzeit ein Dreh- und Angelpunkt der Stadt. Hier befand sich außerhalb des Militärlagers die Kreuzung der verlängerten Hauptstraße mit der Limesstraße, umgeben von den „cannabae", dem Vorstadtviertel mit seinen Tavernen und anderen Vergnügungsetablissements, wie die Ausgrabungen unter dem Platz zeigen. Im Mittelalter standen neben der Kirche und dem sie umgebenden Friedhof die kleinen Michaeler-Zuhäuser, ab 1680 gab es darin das Zechhaus der Hauer.

Das Michaeler Bierhaus

Seit vierzig Jahren im Dornröschenschlaf: Keller unter dem ehemaligen Michaeler Bierhaus mit Resten der alten Fassrutsche und Glasplutzern.

Als 1750 auf dem Michaelerplatz ein Neubau errichtet wurde, übersiedelte das Zechhaus dorthin und wurde als „Michaeler Bierhaus" bald zum Begriff. Es erfreute sich großen Zuspruchs bei den Fiakern, die vor der Hofburg ihren Standplatz hatten, denn das „Fiakergulasch" und das Bier sollen hier die besten von ganz Wien gewesen sein. Auch Generationen von Bereitern der Spanischen Hofreitschule haben hier ihren Durst gelöscht. Das Lokal bestand bis 1973.

Nach der Schließung des Bierhauses verfielen die weitläufigen Keller-anlagen.

Folgende Doppelseite: Seit 40 Jahren das erste Mal betreten: die unheimlichen Keller-labyrinthe unter dem Michaelerplatz

Keller unter dem Bierhaus

Unter dem Bierhaus erstreckt sich eine mehrstöckige Kelleranlage bis hin zur Michaelergruft und zur Habsburgergasse. Seinerzeit, als es noch keine Kühlhäuser gab, boten Keller die geeigneten Lagerflächen für Lebensmittel, Bier- und Weinfässer, daher mussten sie entsprechend groß sein. Das labyrinthartig verzweigte Kellersystem unter dem Michaeler Bierhaus wurde seit fast 40 Jahren nicht mehr betreten, nach der Schließung des Gasthauses verfiel es ungenutzt. Nun öffnete es sich zum ersten Mal wieder für die Autoren des Buches. An dieser Stelle sei dem Eigentümer für die freundliche Genehmigung zur Veröffentlichung der Fotos gedankt. Die Autoren waren höchst überrascht, noch die alte Fassrutsche, vermodert und morsch, vorzufinden. Auch die Sockel für die Bier- und Weinfässer sind noch vorhanden, und die Fleischerhaken in der Ziegelwand. Die Vorstellung, dass hier halbe Schweine, Wild und Geflügel hingen, ließ die Autoren schaudern. Sie stiegen über knöcheltiefen Schutt, denn alte „Weinplutzer" und Bierflaschen liegen zerbrochen auf dem Lehmboden. Mit Taschenlampen und Schutzhelmen ausgerüstet, arbeiteten sie sich vorwärts, von Raum zu Raum. Alte Türen in rostigen Angeln mussten geöffnet und bröckelnden Gesimsen ausgewichen werden, unheimlich war das Vordringen in verwinkelte Gänge, die mehrere Abzweigungen aufweisen. An einer steilen Wendeltreppe erkannte man, dass man unter einem Nachbarhaus angelangt war. Doch leider endete die Treppe an der Decke, sie war seit langem zugemauert. Alles war modrig, voller Spinnen und anderem Getier, und erschauern machte auch der Gedanke an die Mumien der angrenzenden Michaelergruft.
Aus verständlichem Grund ist dieser Keller nicht öffentlich zugänglich und wird seinen Dornröschenschlaf wie in den vergangenen 40 Jahren noch lange weiter schlummern.

TIPP
1., Michaelerplatz: Ausgrabungen des römischen und mittelalterlichen Wien. Mauerverputzstreifen mit Freskenresten von grünen Weinranken unter dem Plexiglasdach.

Folgende Doppelseite: Die Krypta des Schottenklosters. Gänge aus der Türkenzeit erstrecken sich noch heute unter der Kirche und dem Kloster.

3. HEIDENSCHUSS

1., Schottenkirche – Freyung – Heidenschuss

Eine geheimnisvolle Treppe gibt es auch in der Krypta tief unter der Schottenkirche, sie führt ins Nirgendwo, endet abrupt auf halber Höhe über dem Kryptaboden. Kein Anhaltspunkt gibt Antwort auf die Frage, woher sie kommt und wozu sie einst diente. Doch eine Wiener Sage

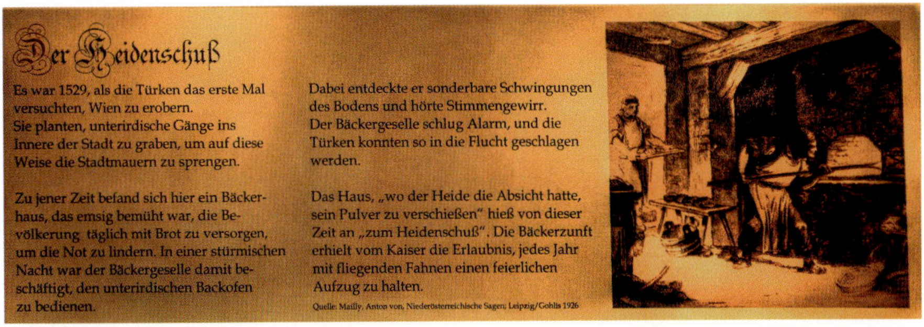

Eine Tafel im Heidenschuß-Haus erzählt von der tödlichen Bedrohung durch die Osmanen.

erzählt von geheimnisvollen Stollen, die während der Ersten Türkenbelagerung von 1529 entstanden sein sollen.
Der Name „Heidenschuß", den ein Stück der Straße gegenüber der Schottenkirche zwischen der Freyung und dem Platz Am Hof trägt, wird bereits 1395 urkundlich erwähnt, doch wurde er später an der Gefahr festgemacht, die Wien 1529 bedrohte. Natürlich waren die Osmanen keine Heiden, sie wurden aber von den Christen so bezeichnet. An der Hauswand des Eckhauses sieht man die Reiterfigur eines Türken mit Krummsäbel, eine Bildtafel in der Bäckerei erzählt die Sage. Als die Belagerer die Stadtmauern mit ihren Kanonen nicht zerstören konnten, begannen sie unterirdische Minen zu graben, um die Mauern zu unterwandern und dann zu sprengen. Die Wiener bemerkten den Plan und trafen Vorsorge dagegen. Alle Hausbesitzer wurden angewiesen, im

Der Heidenschuß erinnert an die gleichnamige Wiener Sage.

Eine geheimnisvolle Treppe verschwindet in unbekannte Gruftgänge.

Keller ihrer Häuser Wasserfässer oder mit Fell bespannte Trommeln aufzustellen, um so etwaige Erschütterungen durch Grabungen des Feindes zu bemerken.

So geschah es auch im Keller des Bäckermeisters auf der Freyung. Als der Bäckergeselle Josef Schulz den Backofen anheizte, sah er, dass sich das Wasser in den Fässern kräuselte und die Trommeln vibrierten. Er meldete dies dem Stadtkommandanten, der sofort einen Gegenstollen im Keller der Bäckerei vorwärts treiben ließ. Tatsächlich traf man bald auf die Türken, die mehrere Gänge unter der Stadtmauer bis unter die Schottenkirche gegraben und bereits Pulver ausgelegt hatten, um Stollen und Mauern zu sprengen. Dank der Aufmerksamkeit des Bäckerburschen waren sie rechtzeitig überwältigt und der Gang zugeschüttet worden. Von da an hieß das Haus „Zum Heidenschuß", dort wo der Heide sein Pulver schoss, und die Bäckerzunft bekam das Recht, alljährlich ihren Aufzug mit klingendem Spiel und fliegenden Fahnen zu feiern.

Der Gang mit der geheimnisvollen Treppe in der Krypta der Schottenkirche könnte also ein alter Minengang der Türken sein.

TIPP

1., Heidenschuß. Backfiliale „Anker" mit Bildtafel. Skulptur an der Hausecke im 1. Stock. 1., Schottenstift. Grabdenkmal von Graf Rüdiger von Starhemberg und Treppe ins Nichts. Besichtigung von Kirche, Krypta und Museum nur mit Führung jeden Samstag 14:30–16:30

4. DR. FAUST IN WIEN

1., Freyung – Tiefer Graben

Ein weiterer Keller ist ebenfalls Sagen umwoben, der Keller der ehemaligen Weinschenke „Zum roten Mandl", die sich auf der Freyung beim Tiefen Graben befand. Schon bevor sie diesen Namen erhalten hatte, kehrten Spielleute, Schausteller und Studenten dort ein, man zechte stets bis weit nach Mitternacht.

Im Jahre 1538 kam eines Tages der berühmte deutsche Arzt und Magier Dr. Johannes Faustus nach Wien. Er stieg in der Herberge bei den Schotten ab und besuchte sogleich die lustige Studentenkneipe. Fröhlich begrüßten die Zecher den großen Gelehrten und baten ihn, ein Zauberkunststück vorzuführen. Faust lehnte ab und wollte sich zu den Zechbrüdern setzen. Die aber bestanden auf ihrem Wunsch, da Faust nun schon einmal hier sei. Sie wollten wissen, ob er tatsächlich Geister beschwören könne oder ob er etwa mit dem Teufel im Bunde stünde, sie hätten diesen gerne einmal gesehen. Der Zeichner und Stadtvermesser Augustin Hirschvogel meinte, er könne den Teufel für die Studenten ja an die Wand malen, und zeichnete rasch unter Gejohle und Gegröle der Saufkumpane ein rotes Männchen mit spitzem Hut, wehendem Mantel und Ziegenfuß. Der Schankbursche, der Faust gerade nachschenken sollte, sah auch zur Wand statt auf den Krug, sodass der Wein über den Tisch floss. Erzürnt rief Faust: „Hier seht ihr den Teufel an die Wand gemalt, ich will ihn euch aber leibhaftig zeigen!" Da sprang das rote Männchen von der Wand, packte den zu Tode erschrockenen Schankburschen und verschwand mit ihm von der Bildfläche. Vor Entsetzen wie gelähmt und stumm starrten die Gäste auf die nun leere Mauer, da öffnete sich die Eingangstüre, herein trat Faust mit dem zitternden Schankburschen und polterte: „Das wird euch lehren, den Teufel nie mehr an die Wand zu malen!" Dann verließ er die verdutzte Runde. Von da an hieß die Weinschenke „Zum Roten Mandl".

Das Haus steht heute nicht mehr. Einzig ein Relief an ganz anderer Stelle, auf dem Haus Opernring 4, erinnert an diese und an weitere Wiener Sagen.

Ein Relief am Haus Operngasse 4 erzählt die Sage von Dr. Faust.

TIPP
1., Opernring 4. Relief mit Wiener Sagen.

Der Villonkeller, heute eine Weinbar, war früher als Opiumhöhle von Wien bekannt.

5. DIE OPIUMHÖHLE VON WIEN

1., HABSBURGERGASSE 4. VILLONKELLER.

Der Villonkeller in der Habsburgergasse 4, heute eine exklusive Wein-Bar tief im Untergrund, ist als „Opiumhöhle" in die Stadtgeschichte eingegangen. Fünfzig Jahre lang war sie Treffpunkt von Künstlern und Stadtoriginalen, wie dem Schriftsteller H.C. Artmann oder dem Schauspieler Helmuth Qualtinger. Ob tatsächlich Opium und andere Gifte dort konsumiert wurden, darüber scheiden sich die Geister. Fest steht, dass auch Damen Zutritt hatten und zwar vornehmlich solche, die man in Wien als „halbseiden" bezeichnet. Das Ambiente glich jenen Spelunken in China, die mit Separées und schummrigen Nischen ausgestattet sind. Opiumpfeifen gehörten ebenfalls zum Inventar, nicht nur als bloße Dekoration. Wer in die Opiumhöhle eintauchte, sah sich von Rauch und Alkoholdunst umhüllt. Und das war noch das Beste, das man(n) dort sehen konnte, berichten Insider kryptisch über das Lokal. Über die unheimlichen oder morbiden Veranstaltungen breitet sich der Mantel des Schweigens. Legendär waren die Musik- und Literaturdarbietungen, es gab sogar einen Tanzboden.

Die letzte Renovierung fand in den Sechzigerjahren des vorigen Jahrhunderts statt, im Jahre 2005 wurde das Lokal umgebaut und als Wein-Bar neu eröffnet. Nur der unterste, vierte Keller präsentiert sich noch als uralter Weinkeller mit Bruchsteinmauern und Ziegelgewölbe. Vier Stockwerke tief geht es über eine enge Wendeltreppe hinunter in eines der ältesten Kellergewölbe der Stadt. Historiker haben sein Alter auf mindestens 500 Jahre geschätzt, wobei der geschlagene Brunnen und die Bruchsteinmauer sogar bis auf römische Zeiten zurückgehen dürften.

Das jetzige Haus, eines der ältesten Barockhäuser der Innenstadt, stammt aus dem Jahre 1735. Zur Zeit seiner Erbauung war es eine Herberge für Bierbrauer. Kunstvolle Skulpturen an seiner Fassade und im Treppenhaus erzählen von deren Reichtum. Man dürfte aber nicht alle Teile des Vorgängerbaues abgerissen haben, denn eine uralte steinerne Wendeltreppe erschließt das Haus vom Keller bis zum Dachboden. Sie dürfte aus der Zeit des ältesten Kellergeschosses stammen, wäre also wesentlich älter als das Gebäude selbst. Die Keller des Hauses mit rekordverdächtigen vier Etagen haben die beiden Türkenbelagerungen erlebt, zur Zeit der Monarchie dem kaiserlichen Wild- und Geflügelhandel und im Zweiten Weltkrieg als Schutzraum gedient.

Die Zeit als Lasterhöhle begann gewerberechtlich erst 1947, mag aber

Das schmuddelige Flair der ehemaligen Opiumhöhle.

durchaus schon früher ohne Bewilligung bestanden haben. Seit dem Umbau zur Wein-Bar im Jahre 2005 erinnert nichts mehr an die Opium-Spelunke. Edelstahl und Kerzenschein haben die schmuddeligen Separées ersetzt, das fernöstliche Ambiente mit seinen Opiumpfeifen musste gemütlichen Holztischen und Weinregalen weichen. Walter Kieltsch, Betreiber seit dem Jahre 2005, benannte das Lokal nach dem französischen Vagantenlyriker François Villon: „Eingegangen in die Geschichte als der größte Dichter Frankreichs des Mittelalters, aber auch als größter Säufer und Hurenbock. Lust und Laster brachten ihn ins Grab.“ Ins Wienerische brachten ihn H. C. Artmann und Qualtinger. „Nicht versäumen sollte man die Interpretationen von Klaus Kinski“, rät Herr Kieltsch. Als Hommage an Villon und dessen Vorliebe für Lust und Laster bringt er nun die Besucher der Wein-Bar nicht ins Grab, sondern weit tiefer unter die Erde, nämlich in die fünfzehn Meter tiefen Kellergewölbe, wo er Lesungen und Vernissagen des Erotikgenres und Weinverkostungen veranstaltet.

TIPP
1., Habsburgergasse 4. Wein-Bar Villonkeller. Öffnungszeiten: Dienstag bis Freitag ab 18:00, Samstag ab 19:00, Sonntag, Montag und Feiertage geschlossen. Weinverkostung mit Kellerführung. www.villon.at

Die beliebten Fackeltouren im Wiener Kanalnetz.

6. FACKELTOUR ZU DEN KANALRATTEN

Im Jahr 1996 hatte ein Wiener die ungewöhnliche Idee, Fackeltouren in die Unterwelt des Wiener Kanalsystems zu veranstalten. Bis dahin nur als Mutprobe unter Jugendlichen bekannt, wurde die nächtliche Tour bald zum Geheimtipp und Publikumsmagneten, jeder wollte die schaurig-gruseligen Abwasserkanäle sehen. Diese Wanderung in der Wienfluss – Einwölbung fand allwöchentlich statt – außer bei Hochwasser. Dann nämlich ist die Begehung zu gefährlich und daher untersagt. Bei normalem Pegelstand ist der Tunnel mit seinen Kanalzuflüssen jedoch eine Sehenswürdigkeit der besonderen Art. Genau dort wurde der Film „Der dritte Mann" gedreht, der das Wiener Kanalsystem weltberühmt machte. Veranstalter dieser beliebten Touren war der „Verein zur Pflege der Unterwelten von Wien". Was darf man sich unter einem Verein zur Pflege der Unterwelten vorstellen?

Die Nachfrage beim Vereinsobmann Peter Ryborz ergab Erstaunliches. Im Jahr 1990 gründete der gebürtige Deutsche einen Verein, der sich mit der Wiener Unterwelt im weitesten Sinn befasst. Die Mitglieder recherchieren historische Fakten zu Wiener Kellern, Grüften und Kanälen, und zwar nicht nur in Archiven, sondern auch vor Ort. Die regelmäßigen Vereinstreffen finden selbstverständlich ebenfalls im Untergrund und zwar im Sinne der Vereinsstatuten an bislang unerforschten Orten statt. Sie dienen nicht nur – soweit das in modrigen Kellern

Auf den Spuren des „Dritten Mannes": in der Wienfluss-Einwölbung.

Wie dereinst Orson Welles: eine Tour durch die Kanäle.

überhaupt möglich ist – der Geselligkeit, sondern der Erforschung noch unbekannter Hohlräume oder vergessener Stollen unter dieser Stadt. Interessenten, die das Unbekannte, Angsteinflößende nicht scheuen, sondern sich der Erkundung der dunklen, geheimnisvollen Unterwelt widmen wollen, sind willkommen. Vieles liegt noch im Verborgenen und muss erst aufgespürt werden.
Leider verschwinden immer mehr Keller, Stollen und Geheimgänge von historischer Bedeutung beim Bau von Tiefgaragen, Hausrenovierungen und zuletzt beim Bau der U-Bahn, die sich Meter für Meter immer weiter durch den Untergrund frisst. Der Verein dokumentiert die aufgefundenen Hohlräume und die darin geborgenen Relikte sorgfältig in Wort und Bild.

Literaturtipp: Glück/La Speranza/Ryborz: Unter Wien. Wien 2001.

Auf den Spuren von Harry Lime

Der Wiener Unterwelt-Verein orientiert sich am Vorbild anderer gleich Gesinnter, wie dem Berliner Unterwelten-Verein, den Pariser Kataphilen, den NewYork-Dark Passages bis hin zu Roma und Napoli Sotteranea. Bei ihren Streifzügen stoßen die Vereinsmitglieder in Bereiche vor, zu denen kein Tourist Zutritt hat. Auf diese Weise sind sie zu Spezialisten geworden, die gruselige und morbide Veranstaltungen des Horror-

Genres in der Unterwelt organisieren. Je schauriger, umso beliebter. Ihre legendären Fackeltouren zählten mit 400 Wanderern pro Termin und insgesamt 100.000 Besuchern zu den meistbesuchten Stadtführungen von Wien.
Man wanderte in der Wienfluss-Einwölbung, die in den Jahren 1892–1900 erbaut wurde. Hier hätte seinerzeit unter Kaiser Franz Joseph eine kaiserliche Pracht-Promenade über der Flussachse entstehen sollen, deren Bau aber aus Kostengründen immer wieder ins Stocken geriet. Das Erlebnis, mit einer brennenden Fackel, gebückt durch die Wiener Kanäle zu kriechen, wie dereinst Orson Welles im Film „Der dritte Mann", war schaurig-schön. Die Vorstellung, wie im Film durch das verzweigte Netz von Abwasserkanälen und Zuflüssen gejagt zu werden, ließ den Besuchern kalte Schauer über den Rücken laufen. Hautnah und fast authentisch erlebte man das Gefühl, von der Polizei verfolgt zu werden und sich verstecken zu müssen. Die Dunkelheit, der Gestank und der glitschige Untergrund trugen das Ihre zu diesem gruseligen Fantasyspiel bei, sogar die Ratten spielten mit, und Trommelwirbel, Dudelsackklang und Pistolenschüsse machten das Erlebnis vollkommen.
Doch manchmal rauscht es dort unten beängstigend, wenn die Kanäle viel Wasser führen. Denn es gäbe kein Entrinnen aus den Kanalröhren, wenn sich die Wassermassen bei Hochwasser auftürmen und mit unvorstellbarem Druck hindurch schießen. Doch keine Angst, bei Hochwasser ist der Zutritt verboten. Leider gibt es die legendären Fackeltouren nicht mehr, und Wien ist damit um eine Attraktion ärmer geworden.

Hier hausten die „Kanalmenschen". Sie führten ein erbärmliches Dasein …

Einen sehr bescheidenen Ersatz bietet die Besichtigung einer Kanalröhre am Wiener Karlsplatz mit fachmännischer Erläuterung von Länge und Breite des Kanalnetzes, einem Bericht über die Arbeit der Kanalräumbrigade und mit Vorführung einzelner Filmsequenzen aus dem oben erwähnten Film.

Linke Seite: … und fischten Fett und Lebensmittel aus der Kloake.

TIPP
Verein zur Pflege der Unterwelten. www.unterwelt.at
Dritte Mann Museum: 4., Preßgasse 25. www.3mpc.net

7. DIE KANALMENSCHEN

1., KARLSPLATZ. ABGANG INS KANALNETZ.

Graham Greene soll durch historische Berichte über die Wiener Kanalmenschen zu seinem dem Film zugrunde liegenden Buch inspiriert worden sein. Tatsächlich lebten um 1900 zahlreiche Menschen auf Grund der damals herrschenden Überbevölkerung und aus wirtschaftlichter Not im Wiener Kanalsystem. Es waren daher nicht nur die Fettfischer unten zu finden, die Fett und anderes Brauchbare aus der Kloake abfischten und verkauften, sondern auch Kriminelle und vor allem Obdachlose. Ganze Familien führten dort unten ihr erbärmliches

Im Wienfluss wurde angeblich ein grausiger Fund gemacht: ein „Fischmensch" mit Kiemen und Schwimmhäuten.

Rechte Seite: Abstieg ins Wiener Kanalnetz, dem Arbeitsplatz der Kanalbrigade

Dasein, ernährten sich von Abfällen, Ratten und gestohlenen Lebensmitteln. Verbrecher konnten unten nie gefasst werden, da sie sich wieselflink durch die unterirdischen Kellergänge und Kanäle bewegten. Die Kanalmenschen kamen den oben lebenden Wienern unheimlich vor. Es hieß, sie sollten sich schon seit so vielen Generationen unten aufhalten, dass sie bereits mutiert wären und die Eigenschaften von Fischmenschen angenommen hätten, Funde von abgenagten Ratten, Fischschuppen und Eingeweideresten würden das belegen.

Der Fischmensch vom Wienfluss-Kanal

Eine unheimliche Geschichte soll sich im Jahr 2001 im Wiener Gerichtsmedizinischen Institut zugetragen haben. So berichtet zumindest ein ungenannter Pathologe und Gerichtsmediziner auf der Webseite von Gerhard Schmeusser, als Autorin scheint eine gewisse Susan Quark auf.

Die unheimlichen Vorgänge müssten eigentlich in die Polizeiakten Eingang gefunden haben, was jedoch nach einer diesbezüglichen Anfrage nicht bestätigt wurde. Ist die Geschichte also nur ein Märchen, das Jägerlatein eines Gerichtsmediziners oder Webseitenbetreibers? Hier der Text:

„Eigentlich sollte ich an jenem Tag Dienst machen. Doch durch einen Zufall war ich verhindert und mein Kollege Dr. Holt vertrat mich. Gegen 20 Uhr wurde ein Toter im Gerichtsmedizinischen Institut eingeliefert. Anwesend war nur mehr Dr. Holt. Er hätte die Untersuchung auf den nächsten Tag verschieben können. Doch vermutlich interessierte ihn der Fall so sehr, dass er trotz später Stunde sofort mit der Untersuchung begann". Wie der Berichterstatter im Nachhinein erfuhr, war die männliche Leiche nicht aus einem Fluss oder See gefischt worden, sondern aus der städtischen Kanalisation, wo sie ein Abflussrohr verstopft hatte. Was diesen Fund so ungewöhnlich machte, waren einige anatomische Besonderheiten an der Leiche. Selbst die abgebrühten Kanalarbeiter, die täglich mit den unappetitlichsten Dingen des Lebens konfrontiert sind, seien schockiert gewesen. Sein Wissen bezog der Erzähler aus dem schriftlichen Protokoll, das Dr. Holt über seine Untersuchungen verfasst hatte. Denn er sah selbst weder die Leiche, noch traf er Dr. Holt persönlich an. „Holt musste gegen 22,30 Uhr mit der Autopsie fertig gewesen sein, um diese Zeit begann nämlich sein Bericht. Er lautete: männliche Leiche. 186 cm, 90 kg….abnorm dicke Haut, schuppt, keine Überblähung der Lungen, keine Erstickungsanzeichen, kein Tod durch Ertrinken. Körperliche Anomalien: extrem unterentwickelte Genitalien. Keinerlei (!) Körperbehaarung i. S. von Haarwurzeln nicht vorhanden. Kutane Syndaktilie an den ersten Finger- und Zehengliedern. Jeweils ca. 10 cm lange und 2 cm tiefe Ein-

schnitte am Musculus trapezius (Operculi/Esophagi ?!?). Nach Abnahme der Schädelkalotte bef…" Das Wesen hatte also Schwimmhäute und Kiemenklappen. Was der geöffnete Schädel aber offenbarte, darüber kann man nur spekulieren, denn hier endete der Bericht. Dr. Holt wurde am nächsten Tag tot vor seinem Schreibtisch aufgefunden. In seinem Schädel steckte die Knochensäge, mit der er die Autopsie vorgenommen hatte. Die polizeilichen Ermittlungen blieben ergebnislos. Der Mörder konnte nie gefunden werden. Völlig rätselhaft bleibt, wie die zuvor sezierte Wasserleiche verschwinden konnte, niemand hatte das Gebäude betreten und noch weniger mit einer Leiche verlassen. Dieser sonderbare und völlig unglaubwürdige Bericht findet sich auf www.schmeusser.siw.de/geschichten/ein_interessanter_fall.html.

TIPP
Führungen auf den Spuren des Films „Der Dritte Mann":
www.viennawalks.com Kanalführungen mit Fackellicht, Info: www.unterwelt.at

8. DIE GEPLANTE LEICHEN-ROHRPOST

Modell des Leichentransportwagens der Straßenbahn (nach einer technischen Zeichnung von 1918). Bestattungsmuseum Wien.

Der Wiener Zentralfriedhof ist, an der Zahl der Bestattungen gemessen, der größte Friedhof Europas. Er wurde 1874 angelegt, und seither wurden 3 Millionen Menschen aller Konfessionen dort begraben. Anfangs transportierte man die Särge mit Pferdefuhrwerken zum Friedhof. Lange Kolonnen von Leichenwagen zogen über die Simmeringer Hauptstraße, ihnen kamen riesige Herden von ungarischen Ochsen

entgegen. Im Winter blieb der Trauerzug nicht selten im Schnee stecken, im Sommer machte den Menschen der Kotgestank von Ochs und Pferd zu schaffen. Die Wiener nahmen den Friedhof daher gar nicht gerne an. Es gab etliche Vorschläge, wie man den Leichentransport besser bewerkstelligen könnte. Ein Vorschlag lautete, die Leichen in einem nicht mehr benötigten Schlachthaus zu sammeln und sie dann von der Schlachthausgasse mittels einer eigenen, noch zu bauenden Bahnlinie zum Zentralfriedhof zu bringen.
Ein ganz anderes, innovatives und gut durchdachtes System schlug der österreichische Techniker Franz Ritter von Felbinger (1844–1906) vor: Eine Rohrpostanlage solle die schwierige Aufgabe übernehmen. Auf der 4,5 Kilometer langen Strecke sollten unterirdisch Röhren mit einem Durchmesser von 60 bis 70 Zentimeter verlegt und darin mittels Pumpen Über- bzw. Unterdruck erzeugt werden. Auf diese Weise könnten die Leichen bzw. Aschenurnen von einem vermutlich auf dem Schwarzenbergplatz noch zu errichtenden Krematorium zum Friedhof gleiten. Technisch hätte das Ganze durchaus funktioniert, man sah dann aber aus Pietätsgründen davon ab.

Die pneumatische Rohrpost

Felbinger konstruierte tatsächlich eine Rohrpostanlage für Wien, die 1875 in Betrieb ging, und später auch ähnliche in Berlin, München und Hamburg. Statt der Leichen schoss man jedoch Eilbriefe und Telegramme unterirdisch durch die Rohre. Zehn Postämter waren in Wien angeschlossen, die Zentrale stand am Börseplatz. Eine weitere wichtige Station befand sich im 6. Bezirk, in der Magdalenenstraße 76. Das Rohrpostnetz umfasste 1875 eine Länge von etwa 14 Kilometern. Die aus Präzisionsstahl gefertigten nahtlosen Rohre waren in einem Meter Tiefe unter den Straßen verlegt. Die Rohrpost war noch bis zum 2. April 1956 in Betrieb.

Erinnerungsdiamant aus der Asche Verstorbener

Die Entscheidung für den letzten Weg war bisher einfach: Beerdigung oder Einäscherung. Mehr gab es nicht. In den letzten Jahren wurden die Möglichkeiten jedoch erweitert. So sind nun auch Seebegräbnisse, bei denen die Asche ins Meer gestreut wird, oder Bestattungen auf eigenem Grund möglich. Eine innovative Form der Leichenkonservierung hat die Schweizer Firma „Algordanza" entwickelt, die aus der Asche eines Verstorbenen für den Gegenwert von 4.600 bis 14.000 Euro einen Diamanten erzeugt, der dann zu einem Schmuckstück weiter verarbeitet werden kann.

Das Wort *algordanza* ist rätoromanisch und bedeutet „Erinnerung". In Österreich nehmen Zweigstellen in Dornbirn und Wien die Asche des Toten entgegen. „Danach wird sie mehrere Wochen lang bei einer Temperatur von 2.500 Grad unter einem Druck von 60.000 Bar gepresst. Am Ende entsteht ein einmaliger, unverwechselbarer und in der Regel bläulicher Diamant. Aufgrund der verschiedenen Umwelteinflüsse sowie der Ess- und Trinkgewohnheiten der Verstorbenen ist der Blauton des Diamanten von Mensch zu Mensch verschieden", gibt die

Der Wiener Zentralfriedhof. Endstation der Leichentramway und der Rohrpost für Särge und Urnen.

Firma an. Auf diese Weise wird der Mensch, wenn schon nicht zu Lebzeiten, so doch wenigstens nach seinem Tod zum echten Schmuckstück.

TIPP

11., Simmeringer Hauptstraße 234, Zentralfriedhof. Haupteingang bei Tor 2. Geöffnet täglich bis zum Einbruch der Dunkelheit. Sehenswerte Ehrengräber und Jugendstilkirche. Erreichbar U 3/Tram 71.

Folgende Doppelseite: Der Narrenturm in Wien. Älteste Irrenanstalt der Welt.

VIII. Kapitel

Gruseliges im Museum

1. DER UNGLÜCKSWAGEN VON SARAJEVO

Der Unglückswagen von Sarajevo: ein sechssitziger Doppel-Phaeton der Marke Gräf & Stift

Die Umstände um die Ermordung des Thronfolgers Franz Ferdinand und dessen Gattin sind bis heute rätselhaft. Es bedurfte einer unheimlichen, schicksalshaften Kette von Zufällen, damit die Tat glücken konnte und den Anlass zum Kriegsausbruch gab. Schon im Vorfeld des Besuches am 28. Juni 1914 war bekannt, dass es zu Unruhen kommen würde, denn es war der 525. Jahrestag der Schlacht auf dem Amselfeld gegen die Türken, ein heiliger Tag für die Serben. Man riet dem Erzherzog daher vergeblich von seiner Reise ab, der aber nahm zu allem Überfluss noch seine Gemahlin mit. Ein erster Anschlag mit einer Bombe schlug fehl, Franz Ferdinand blieb unverletzt. Ein Offizier im Begleitfahrzeug jedoch wurde verletzt und musste ins Spital gebracht werden. Statt den Besuch aber zumindest jetzt abzubrechen, bestand Franz Ferdinand auf dessen Fortsetzung. Zunächst wollte er dem Verletzten einen Besuch im Spital abstatten, doch man verfuhr sich und musste wenden. Als die offene Limousine dabei für einige Sekunden direkt vor dem Attentäter Gavrilo Princip zum Stehen kam, zog dieser seine Pistole und schoss zweimal aus nächster Nähe auf den Erzherzog und dessen Frau. Beide fanden bei diesem Attentat den Tod.

Folgende Doppelseite: Der Unglückswagen von Sarajevo. Eine Legende berichtet, dass er jedem seiner Besitzer den Tod gebracht habe – tatsächlich steht er seit 1914 im Heeresgeschichtlichen Museum!

Soweit die historischen Fakten. In ihrem Buch über „Urban legends" erzählen Barbara und David Mikkelson eine abenteuerliche Version der Geschichte. Der Unglückswagen fuhr nicht nur das Thronfolgerpaar in den Tod, sondern soll auch seinen späteren Besitzern Unglück gebracht haben. General Oskar Potiorek (1853–1933), k. u. k. Statthalter von Bosnien und Herzegowina, der während des Attentats im Auto saß, war das nächste Opfer. Die Ermordung des Thronfolgers hatte seine Reputation und Gesundheit ruiniert. Nach dem Scheitern seiner Offensive gegen Serbien wurde er 1915 zwangspensioniert. Das Sofa, auf dem Franz Ferdinand verstarb, bewahrte er in seiner Wohnung in Klagenfurt auf. Von Selbstmordgedanken geplagt, lebte er noch bis 1933. Einer von Potioreks Offizieren, der den Wagen danach erhielt, kam bei einem von ihm verschuldeten Verkehrsunfall mit zwei Toten auch selbst ums Leben. Nach dem Ersten Weltkrieg erhielt der Gouverneur des neuen Staates Jugoslawien das Fahrzeug und verursachte damit vier Unfälle, bei einem verlor er seinen linken Arm. Danach kaufte ein Arzt das Fahrzeug und soll damit sechs Monate später tödlich verunglückt sein. Als nächster Besitzer ist der Diamantenhändler Simon Mantharides eingetragen. Er stürzte auf ungeklärte, möglicherweise selbstmörderische Weise mit dem Wagen über einen Abhang. Dann verunglückte ein Schweizer Rennfahrer tödlich, wonach ein serbischer Bauer das Wrack kaufte. Beim Abschleppen soll er vergessen haben, die Zündung abzuschalten, worauf sich der Unglückswagen in Gang setzte und ihn überfuhr. Das war das letzte Mal, dass er sich bewegt haben soll.

General Oskar Potiorek, k. u. k. Statthalter von Bosnien und Herzegowina 1914.

Diese schaurige „Stadtlegende" stimmt jedoch mit den Tatsachen nicht überein. Im Gegenteil, die Fakten sind lückenlos dokumentiert. So wissen wir, dass die Gräf-und Stift-Limousine, ein sechssitziger Doppel-Phaeton der Marke Gräf & Stift mit dem Wiener Kennzeichen A-III-118, am 15. 12. 1910 an seinen Besitzer Franz Graf Harrach (1870–1937) ausgeliefert wurde. Harrach stellte sie 1914 dem Thronfolger für seine

Die blutbefleckte Uniformjacke des ermordeten Thronfolgers.

Fahrt durch Sarajevo zur Verfügung. Er selbst fuhr als dessen Adjutant mit und wurde Augenzeuge der Todesschüsse. Nach dem Attentat verfügte Kaiser Franz Joseph I. per Dekret vom 27. 7. 1914, dass das Fahrzeug ins Heeresmuseum überstellt werde. Dort war es von 1914–1944 in der Eingangshalle zu besichtigen. Auf Grund der Bombenschäden des Hauses und der einsetzenden Plünderungen kam der Wagen in ein Depot. Seit 1955 steht das Gefährt wieder im Heeresgeschichtlichen Museum, wo im Sarajevo-Raum auch die blutgetränkte Uniform Franz Ferdinands und das Sofa ausgestellt sind.

TIPP
3., Arsenal. Heeresgeschichtliches Museum, geöffnet täglich 9:00–17:00. Das Unglücks-Automobil, die blutbefleckte Uniform Franz Ferdinands und das Sofa sind im Sarajevo-Raum ausgestellt.

2. KAISER RUDOLFS ALRAUNEN

1., JOSEFSPLATZ. ÖSTERREICHISCHE NATIONALBIBLIOTHEK.
1., MARIA-THERESIEN-PLATZ. KUNSTHISTORISCHES MUSEUM,
1., HOFBURG, SCHATZKAMMER.

Wer würde bei einer so ehrwürdigen Institution wie der Österreichischen Nationalbibliothek oder dem Kunsthistorischen Museum an gruselige Objekte denken? Und doch gibt es sie, sogar nicht wenige, wie etwa Drachen und Basilisken oder Kaiser Rudolfs II. (1552–1612) Zauberdinge. In der Kunst- und Wunderkammer des Kaisers, der größten seiner Zeit, befanden sich nicht nur Kunstwerke, sondern auch Naturfunde wunderlicher Art und eine ganze Menge Artefakte, die schlicht und ergreifend von Fälschern aus Bestandteilen von Tieren und Pflanzen eigens für die hohen Kunden angefertigt worden waren. Unter anderen magischen Objekten haben sich auch einige Alraunen aus dieses Kaisers Besitz erhalten, eine davon in Form eines Kruzifixes und zwei weitere in Menschengestalt.
Es handelt sich bei den Alraunen um die Wurzeln der Mandragora, die mit ihren Verästelungen aussieht wie ein menschliches Wesen und die Größe eines neugeborenen Kindes erreichen kann. Die meisten Alraunen in den Wunderkammern sind jedoch gefälscht, besonders beliebt dafür waren die Wurzeln der Zaunrübe und auch des Allermannsharnischs oder der Esche. Ob auch Kaiser Rudolf auf die gefinkelten Fälscher herein fiel, wird demnächst der Hüter der Alraunen, Mag. Anton Knoll, Bibliothekar der Österreichischen Nationalbibliothek, in einer Publikation aufklären. Er gewährte der Autorin dankenswerterweise einen Blick auf seine Schützlinge. Erstmals dürfen auch Fotos dieser 400 Jahre alten Zauberdinge veröffentlicht werden.

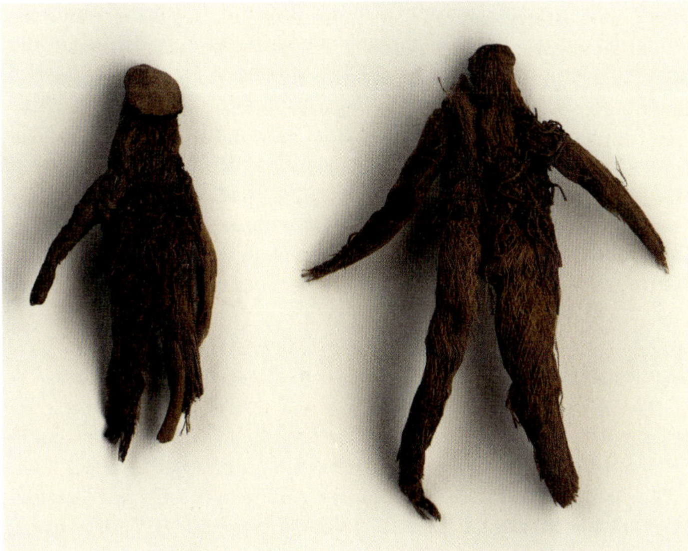

Seit 400 Jahren in Wien liebevoll gehegt und gepflegt: die Alraunen Thrudacios und Maryon aus dem Besitze Kaiser Rudolfs II., (Österreichische Nationalbibliothek).

Thrudacios und Maryon

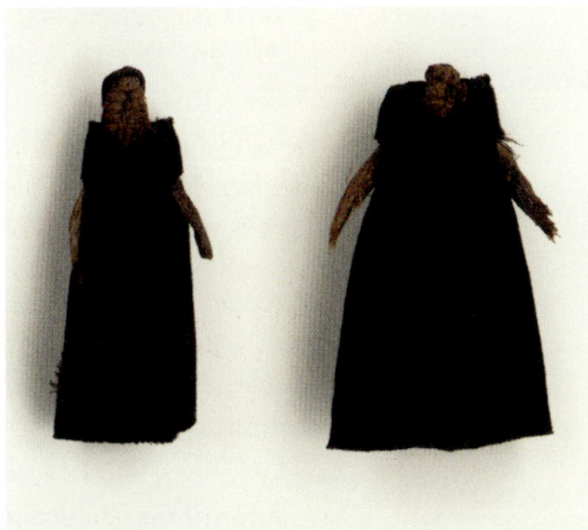

Mag. Knoll berichtete, dass er vor etlichen Jahren eine unbeschriftete Schachtel ohne Inventarnummer von einem pensionierten Kollegen übernahm, deren Inhalt er als die lange verschwunden gewesenen Alraunenwurzeln aus dem Besitz Kaiser Rudolfs II. erkannte. Sie beschäftigen ihn nun schon seit Jahren. Offenbar waren sie immer in Wien verblieben und nicht, wie vermutet, an den kaiserlichen Hof nach Prag übersiedelt worden.

Der Name der männlichen Alraune ist Thrudacios, die weibliche heißt Maryon. Wie der Bibliothekar verriet, wurden sie vor rund 20 Jahren von der Restaurierungsabteilung neu eingekleidet – jede Alraune erhielt ein neues Wams, beide gleichermaßen in dunklem Purpur, denn das Geschlecht war nicht eindeutig feststellbar. Mit geschultem weiblichen Blick für Styling konnte die Autorin in der schlankeren Alraune das Männchen und an ihren breiteren Hüften und dem pausbäckigen Gesicht das Weibchen erkennen. Auch scheint Thrudacios einen Bart und eine Kappe zu tragen. Beide sind auf Samt gebettet und machen einen zufriedenen Eindruck. Herr Knoll scheint sie gut zu behüten und ihnen ideale Bedingungen zu bieten. Allerdings bedauert er, dass er sie aus Zeitmangel nicht regelmäßig baden kann, wie das in früheren Jahrhunderten gemacht wurde. Es heißt, dass Kaiser Rudolf sie einmal monatlich, zu Neumond, baden und neu bekleiden ließ. Wurde die Pflege vergessen oder schlecht ausgeführt, so schrien die Wurzeln wie kleine Kinder. Ein Vorsteher der kaiserlichen Bibliothek soll durch ihr Schreien jahrelang um seinen Schlaf gebracht worden sein. Nach Knolls Meinung erfolgte das Bad, um das Holz feucht und seine Elastizität über Jahrhunderte zu erhalten. Jetzt wird es langsam spröde – nach 400 Jahren dürfen sie ja wohl schon Alterserscheinungen zeigen. Ihre magischen Kräfte werden die Alraunen unter der Obhut des Fachmanns jedoch hoffentlich noch lange behalten.

Die Königin der Zauberpflanzen

Die Alraune oder Mandragora ist die Königin der Zauberpflanzen. Im Altertum und Mittelalter war sie hochgeschätzt und wurde teuer gehandelt. Dieser Pflanze wurden nicht nur magische Fähigkeiten, sondern auch enorme medizinische Heilkraft nachgesagt. Mit Hilfe der Alraune führte man Operationen durch, da sie stark narkotisierend wirkt. Besonders begehrt war sie als Aphrodisiakum, sie förderte angeblich die Fruchtbarkeit. Die Wurzeln sollen auf Fragen Antworten erteilt, die Zukunft prophezeit und Geld verdoppelt haben. Wenn jemand Glück im Spiel hat, heißt es: „Der muss ein Alraunl im Sack haben", obwohl man vielfach gar nicht mehr weiß, was das bedeutet.

Hexen und Alraunen

Da man den Alraunen viele magische Kräfte zuwies, galten sie auch als Hilfsmittel der Zauberer, das Wort Alraune wurde sogar synonym für Hexe verwendet. Wiener Gerichtsakten aus dem 15. Jahrhundert berichten über die Verurteilung und Hinrichtung von solchen menschlichen „Alraunen". Am 21. Oktober 1498 wurden zwei männliche Alraunen zum Tod verurteilt. Der Wiener Henker fürchtete ihre Rache so sehr, dass er sie „nicht hatte richten wollen". Man holte daher den mutigeren Scharfrichter von Krems zu Hilfe, dem nach geschehener Exekution „das Schwert neu gefasst und zugerichtet" werden musste. Aus dem Jahr 1499 wird von einer weiblichen Alraune zu Wien berichtet, welcher der Landeshauptmann und Bürgermeister mit 24 Bewaffneten nachstellten. Man fasste zwar nicht die Hexe, wohl aber bei Dürnkrut ihren Gefährten. Er soll mit dem Schwerte hingerichtet und verbrannt worden sein.

TIPP
Im Bestand des KHM befinden sich 3 Alraunen, und zwar eine in der Schatzkammer Wien (Inv.Nr.SK_GS_D_148), eine im KHM Wien (Inv.Nr. 6368)

und eine in Schloss Ambras in Innsbruck (Inv. AM_PA_687), sämtliche aus konservatorischen Gründen im Depot. Im Bestand der Österreichischen Nationalbibliothek Wien befinden sich die beiden oben beschriebenen Alraunen Thrudacios und Maryon.
Literaturtipp: Anna Ehrlich, Szepter und Rose – Roman über Kaiser Rudolf II. München 2004

Geständnisse wurden den Gefangenen durch grausame Torturen abgepresst: Schauraum im Foltermuseum.

3. FOLTER IM BUNKER

6., ESTERHÁZYPARK.

In einem Wiener Park nahe der Mariahilfer Straße steht ein gigantisches Relikt aus dem Zweiten Weltkrieg, einer der sechs Wiener FLAK-Türme (FLAK = „Fliegerabwehrkanone"). Es handelt sich um einen der drei ehemaligen Feuerleittürme (jeweils ein Geschütz- und ein Feuerleitturm bildeten ein kommunizierendes Flakturmpaar). Heute besitzt dieses alte Festungswerk u. a. eine Sonderausstellung über seine ehemalige Funktionsweise. Im 10. Stockwerk wurde dazu vom Wiener Historiker und Archäologen Marcello La Speranza die militärische Kommandozentrale samt originalgetreuem Inventar nachgestellt. Maschinen, Einrichtungsgegenstände und Dokumente sowie Originalfilme aus deutschen Wochenschauberichten und US-Fliegeraufnahmen zeigen Momente aus der schrecklichen Kriegszeit. In der militärhistorisch-technischen Schau erklären auch Informationstafeln die Funktion der damaligen Luftraumüberwachung, wie die seinerzeitigen High-Tech-Entfernungs- und Kommandogeräte der Telemetrie und das Funkmessgerät („Würzburg-Riese“), die Schussdaten an die Kanonen (zum Geschützturm Stiftskaserne) weiterleiteten. Auf einer Flugmeldekarte kann man den Einflug der US-Bomber aus Italien verfolgen. Ein historisches Tondokument lässt die Szenerie des Luftwaffensenders

Revue passieren: „Achtung, hier die Luftlagemeldung, schwere Reisekoffer (=Bomber) aus Gustav Dora nach Friedrich Otto …". Die sachliche und nüchterne Darstellung erläutert den Fortgang der damaligen Kriegsmaschinerie. „Die Erforschung der Relikte und Spuren aus der Zeit des Bombenkrieges ist u. a. auch die Aufgabe der Archäologie des 21. Jahrhunderts", so die Aussage des Kurators.
Im Untergrund des Esterházyparks versteckt sich in einem ehemaligen

Erinnerung an die Schrecken der Kriegszeit: Nachstellung der militärischen Kommandozentrale samt originalgetreuem Inventar im FLAK-Turm im Esterházypark.

Luftschutzbunker seit zehn Jahren das „Mittelalterliche Foltermuseum", das den Besucher mit der gruseligsten Realität konfrontiert. Dort wird auch auf die ehemalige Bunkerfunktion Bedacht genommen. Sogar die Maschinenräume mit den Pumpen für die Frischluftzufuhr und die Gasmasken sind noch vorhanden. Der Sirenenwarnton kann auf Wunsch eingeschaltet werden, womit das authentische Erlebnis eines Fliegerangriffs simuliert wird, das zwei Generationen schon nur mehr aus Erzählungen kennen. Sobald die Schutzraumtüre hinter den rund einen Meter dicken Betonwänden geschlossen wird und es kein Entkommen mehr gibt, ertönt der ohrenbetäubende, markdurchdringende Sirenenton. Kurz darauf schlägt die (fiktive) Bombe ein. Und noch eine und noch eine, ohne Ende. Der Raum erzittert, das Licht geht aus, man sitzt im Dunkeln und wartet. Plötzlich hört der Lärm der Bombeneinschläge auf, es wird ganz still, man fragt sich bang, was jetzt geschehen wird. Zum Glück öffnet sich die Türe wieder, das Licht geht an, und man atmet auf, dass man die bedrückende Enge des Schutzraums verlassen darf.
Dieses Erlebnis lässt niemanden unbeeindruckt, selbst zuvor lautstarke Jugendliche verlassen schweigend den Raum. Die angeschlossene Ausstellung über die menschliche Grausamkeit verursacht Gruselschauer. Täuschend echt nachgestellte Folter- und Hinrichtungsszenen jeder erdenklichen Art zeigen, zu welchen Gräueltaten an Mitmensch und Tier die Menschheit im Laufe ihrer Geschichte fähig war und ist: Vom Bäckerschupfen über Hexenverbrennungen bis zu Foltermethoden, die auch heute noch angewendet werden, reicht die Palette der Qualen.
Erschütternd ist der Bericht über Kindersoldaten. Authentizität garantiert die Zusammenarbeit mit Amnesty International, jener unabhängigen Bewegung, die seit 1961 für die Wahrung der Menschenrechte kämpft.
Die Konfrontation mit dem körperlichen Schmerz, der Menschen gefügig machen soll, verursacht bei den BesucherInnen ein starkes Unbehagen, das sich erst mildert, wenn man erfährt, dass es diese und andere Organisationen gibt, die gegen solche Methoden auftreten, und dass jeder einzelne einen Beitrag leisten kann.

TIPP
FLAK-Turm 6., Esterházypark: Öffnungszeiten täglich 9:00–18:00, Donnerstag bis 21:00. Foltermuseum 6., Esterházypark. Öffnungszeiten täglich 10:00–18:00. www.folter.at
Literaturtipp: Marcello La Speranza, Bomben auf Wien, Zeitzeugen berichten. Wien 2003
Marcello La Speranza, Wien 1945–1955, Zeitzeugen berichten. Graz 2007

4. MORD UND TOTSCHLAG

2., Grosse Sperlgasse 24. Wiener Kriminalmuseum.

In einem der ältesten Häuser des 2. Bezirks, einem architektonischen Juwel der Leopoldstadt, ist auf 600 Quadratmetern Ausstellungsfläche in zwanzig Räumen und einem Keller das Wiener Kriminalmuseum eingerichtet, das die Verbrechen der Wiener präsentiert.
Zunächst beginnt der Rundgang recht harmlos mit Geräten von Falschmünzern und Banknotenfälschern, wie Druckerpresse und Stempel. Dann wird gezeigt, wie trickreich Betrüger und Taschendiebe zu Werke gehen, was recht heiter ist. Die Stimmung ändert sich, wenn anschließend von Mördern und Totschlägern die Rede ist. Mordwerkzeuge, Todesarten, Kinderschänder, Mädchenmörder, Giftmischer – all das ist hier verewigt. Die spektakulärsten Kriminalfälle werden in grauenhaften Bildern dokumentiert. Wer den Anblick von zerstückelten Leichen, abgetrennten Gliedmaßen und gespaltenen Schädeln nicht erträgt, sollte diesen Ort besser meiden. Dicke Haut und ein gesunder Magen sind die Voraussetzung für den Besuch des Museums. Das dunkle Wien der letzten 300 Jahre wird beim Betrachten der Vitrinen lebendig. Man erfährt, was Wienern alles zustieß und noch heute im kollektiven Gedächtnis verankert ist, taucht ein in die Abgründe der menschlichen Natur. Wussten sie, dass ein Wiener Arzt eine Guillotine erfand, welche nur die Wirbel durchtrennt, den Kopf jedoch am Körper lässt? Der echte mumifizierte Schädel eines hingerichteten Verbrechers sorgt für Gänsehaut, genau wie das im Verwesungsprozess weit fortgeschrittene Haupt eines Jakobiners.
Im Zwischengeschoß des Hauses verursachen die rutschenden Bodengitter kurz das ungute Gefühl, bald selber zum Schauobjekt zu werden. Dann erfährt man Grauenhaftes über die Verbrechen des Dritten Reichs. Hier steht das Gerät „F“ (Fallbeil), das einem Schauer über den Rücken jagt. Es ist ein Nachbau desjenigen Geräts, das im Wiener Landesgericht in einem weiß gekachelten Raum stand, der heute als Gedenkstätte eingerichtet ist. Unter einem solchen Beil fanden dort rund 1.000 Menschen den Tod. Die Schreckensherrschaft ist zum Glück schon längst vorbei, doch Verbrechen werden weiterhin begangen, wie das angrenzende Polizeimuseum zeigt. Nach der Besichtigung muss man sich unbedingt im hauseigenen Café-Restaurant stärken: Gulasch ist die Spezialität des Hauses.
Danach entschädigt einen beim Hinausgehen auch noch der vierhundert Jahre alte, malerische Pawlatschenhof für den ausgestandenen Schrecken.

TIPP
2., Große Sperlgasse 24. Wiener Kriminalmuseum, vereinigt mit dem Muse-

Rechte Seite: Der Narrenturm – eine Transmutationsmaschine? Verbaute Zahlenmagie sollte die niedere menschliche Natur zum Göttlichen transformieren.

um der Bundespolizeidirektion Wien. Öffnungszeiten: Donnerstag bis Sonntag 10:00–17:00 www.kriminalmuseum.at

5. ABNORMITÄTEN IN WACHS UND SPIRITUS

Der Narrenturm

Ebenso gruselig oder sogar noch schauriger ist wohl das Pathologisch-anatomische Bundesmuseum im Narrenturm des alten Allgemeinen Krankenhauses. Schon der Ort verursacht Gänsehaut: Das Museum ist nämlich in der ältesten Irrenanstalt der Welt untergebracht. Im Jahr 1784 ließ Kaiser Joseph II., Sohn und Nachfolger Maria Theresias, das kreisförmige Gebäude für psychisch Kranke errichten, das als „Narrenturm“ zum Begriff wurde. Die mit Strohsäcken ausgekleideten Zellen, regelmäßige Mahlzeiten und hygienische Versorgung für die „Wahnwitzigen“ waren im 18. Jahrhundert revolutionär. Damals sperrte man nämlich Irre einfach weg, in menschenunwürdige Verschläge, oder überließ sie sich selbst. Der Narrenturm war das erste Spezialinstitut für Geisteskranke in Europa. Die Behandlungsmethoden, wie Elektroschocks, eiskalte Wassergüsse oder das Auflegen von Brennstäben waren nach heutigem Verständnis grauenhaft, doch damals auf dem modernsten Stand, eine Revolution in der Geschichte der Psychiatrie. Im 18. Jahrhundert, der Zeit der „Aufklärung“, hatten die Ärzte beobachtet, dass Geisteskranke vor und während eines Gewitters aufgeregter waren als sonst, sich aber nach der Entladung von Blitz und Donner beruhigten und einschliefen. Diesen „Beruhigungseffekt“ machte man sich zunutze, indem man einen Blitzfänger konstruierte. Eine Eisenrohrleitung führte kreisförmig rund um das Dach des Narrenturms. Daran befestigte man eine Eisenkugel, die in der Mitte über dem Innenhof schwebte. Die eingefangenen Blitze wurden sodann über Rohrleitungen an den Wänden des Innenhofes in den Narrenturm hinein geleitet und damit die Kranken „beruhigt“. Die Horrormaschine selbst ist leider nicht mehr erhalten.
Eine andere Konstruktion, die heute Kopfschütteln auslöst, ist jedoch noch original vorhanden: die Ringheizung. Sie sollte aus dem Keller des Gebäudes über vier große Öfen Warmluft in die Zellen leiten. Das funktionierte aber nicht, die Zellen wurden stattdessen mit Rauch vollgepumpt. Nach vergeblichen Verbesserungsversuchen froren die bedauernswerten Kranken also weiterhin, wie sie das von Anfang an im Narrenturm getan hatten. Man war damals nämlich davon überzeugt, dass Geisteskranke weder ein Hitze- noch ein Kälteempfinden hätten, daher

Vorsintflutliche medizinische Geräte geben eine Vorstellung von den Behandlungsmethoden früherer Jahrhunderte.

waren die Fensteröffnungen ursprünglich nur vergittert und nicht verglast. Das Glas kam erst später hinein, gleichzeitig mit den primitiven Abtritten als Abortersatz.
Der Narrenturm stand als Irrenhaus fast 90 Jahre lang in Verwendung, der letzte Patient verließ das Gebäude im Jahre 1869. Die Zellen, in denen einst die Schwerstkranken angekettet waren, kann man besichtigen, man sieht auch die mit Blech beschlagenen schweren Holztüren. Sogar die Schmiedewerkstatt hat sich original erhalten, genau wie die Rohrleitungen des Blitzfängers und die seltsame Ringheizung.
Leider ist das 226 Jahre alte Gebäude mangels Budget dem Verfall preisgegeben.

Die Transmutationsmaschine

Der Narrenturm war Kaiser Josephs Labor für alchemistische Experimente, die zwar nicht dem Goldmachen dienten, sondern sich mit lebenden Objekten, den Geisteskranken, befassten. Die gesamte Architektur des Gebäudes spiegelt des Kaisers Vorliebe für Geheimlehren und Zahlenmystik wider. So wurde der Narrenturm auf einem aufgeschütteten Erdhügel errichtet, um sich vom übrigen Gelände des damaligen Armen- und Krankenhauses abzuheben, ja gleichermaßen über der Erde in höheren Sphären zu schweben. Er sollte eine „Transmuta-

Die älteste Irrenanstalt der Welt: der Narrenturm. Angekettet in ihren Zellen, wurden hier „Wahnwitzige" bis 1869 verwahrt.

tionsmaschine" sein, ein Apparat zur Umwandlung der niederen menschlichen Natur (verkörpert in den Irren) in ein göttliches Wesen. Der Kaiser selbst sah sich als „Transformator", als Vermittler zwischen Mensch und Gott, meint der Autor Alfred Stohl in seinem Buch über den Narrenturm. Der gesamte Grundriss mit seinen fünf Geschossen, je 28 Zellen pro Stockwerk und dem heute nicht mehr existenten Oktogon auf dem Dach ist verbaute Zahlenmagie. Die Zahl 28 gilt als astronomische Größe für den Mond- und den großen Sonnenzyklus. Sie wurde vermutlich der Zahl der Zellen zugrunde gelegt, da man in den Zyklen der Himmelskörper deren großen Einfluss auf den Verlauf von Krankheiten erkannt hatte. Die Konstruktion des Bauwerks auf zahlenmystischer Grundlage sollte mit den Geisteskranken in Resonanz treten und das Chaos in ihrem Kopf harmonisieren. Psychiatrie durch Alchemie, so lautete Kaiser Josephs Idee. So baute er für sich selbst das Oktogon auf dem Dach des Narrenturms, das er als den Thron der Liebe bezeichnete und in dem er nach zeitgenössischen Berichten „mehrmals die Woche zugegen war", oft für viele Stunden.

Sein ungewöhnliches Interesse war der Wiener Bevölkerung natürlich suspekt, weswegen ein kühner Zeitgenosse den Spruch an die Mauer des Narrenturms kritzelte: „Hier ist Joseph II (der Zweite) der Erste", womit wohl Narr gemeint war. Was aber tat der Kaiser dort oben? Entwickelte er eine obskure Maschine? Einen Transformator zum Aufstieg in himmlische Sphären?

Stohl meint: „Ich habe schlüssige Indizien gefunden, dass der Narrenturm hinsichtlich seiner architektonischen Gestaltung, der Zahl, Abmessung und Anordnung der kreisförmig angeordneten Zellen, der Anzahl der Stockwerke und des gesamten zylindrischen Baukörpers, ein okkultes, das heißt geheimes, nicht jedem offen erkennbares, Zahlensystem birgt. Der Turm diente damit der ‚inneren Alchemie', die eine Verbindung zwischen Mikrokosmos (die Seele) und dem Makrokosmos (das Weltall und damit Gott) herstellen sollte".

Die Feuchtpräparatesammlung

Seit 1971 weist der fünfstöckige Turm noch eine Attraktion anderer Art auf. Er beherbergt nämlich eine weltweit einzigartige Sammlung von 7.000 abnormen, menschlichen Präparaten, wie missgebildete Föten und Körperteile, die von schlimmen Krankheitsformen befallen sind. Eine Unzahl von Skeletten totgeborener Missgeburten verursacht Gänsehaut. Früher wurden die wenigen überlebenden, stark missgebildeten Menschen auf Jahrmärkten ausgestellt, der „Löwenkopf", der „Elefantenmensch" oder die „Dame ohne Unterleib" waren bekannte Attraktionen.
Die Sammlung im Narrenturm genießt Weltruf. Wissenschaftler kommen hierher, um die seltenen Präparate studieren zu können. Jungmediziner staunen über die primitiven Instrumente einer original wieder aufgebauten Zahnarztpraxis aus den Anfängen der Zahnmedizin oder über vorsintflutliche Gynäkologenstühle und Geburtshilfezangen.
Eine Alchemistenstube, eine historische Apotheke und eine so genannte „Wunderkammer", das Naturalienkabinett aus alter Zeit, geben Einblick in die Heilkunst der früheren Jahrhunderte.
Die Museumsleitung empfiehlt Nichtmedizinern vor dem Besuch eine gewisse Vorbereitung, um „Schockerlebnisse" zu vermeiden, die bei sensiblen Beschauern zu Übelkeit bis hin zur Ohnmacht führen können.

TIPP
9., Spitalgasse 2, Uni Campus. Pathologisch-anatomisches Bundesmuseum. Öffnungszeiten jeden Mittwoch 15:00–18:00, jeden Donnerstag 8:00–11:00, jeden Samstag 10:00–13:00, Feiertag geschlossen. www.narrenturm.at
Literaturtipp: Beatrix Patzak: Faszination und Ekel – Das Pathologisch-anatomische Bundesmuseum im Wiener Narrenturm. Wien 2010
Alfred Stohl: Der Narrenturm – oder die dunkle Seite der Wissenschaft, Wien 2000.

Menschliche Wachspräparate und Gall'scher Totenschädl

9., Währinger Strasse 25

Nicht weniger unheimlich ist das medizinhistorische Museum im Josephinum. Die medizinisch-chirurgische Akademie wurde von Joseph II. im Jahr 1785 als Ausbildungsstätte für Militär- und Wundärzte gegründet. Da anatomische Präparate damals noch sehr selten waren, bestellte er in Florenz lebensechte Wachsmodelle, anhand derer die Studenten den menschlichen Körperbau genau studieren konnten.
Die ungefähr 1.200 Objekte füllen fünf Säle des Museums. Eine besondere Attraktion stellt die Venus dar, mit makellos rosiger Haut und blondem Haar, den zarten Hals geschmückt mit einer Perlenkette, liegt sie wie schlafend da. Ihr offener Bauch aber zeigt die inneren Organe und die Blutgefäße. Sie ist übrigens die einzige Dame unter lauter gehäuteten und skelettierten Männern. Im Museum befindet sich noch ein anderer gruseliger Gegenstand: ein Totenschädel, der vom berühmten Arzt Franz Joseph Gall (1758–1828) beschriftet wurde. Der Schädelforscher glaubte, dass 27 Eigenschaften (Sinne) den menschlichen Charakter ausmachten und ihren Sitz im Gehirn hätten, entsprechend der knöchernen Zonen des Schädels. So findet man außer den bekannten fünf Sinnen auf einigen Arealen z.B. den Gerechtigkeitssinn, den Sinn für Schlauheit und Sinne für allerlei Fertigkeiten angeschrieben. Nach Galls Meinung verfügt der Mensch auch über einen Würge- und Mordsinn, der sich schräg oberhalb des linken Ohres, gleich neben dem Sinn für Schlauheit, findet. Es mutet ein wenig unheimlich an, dass

Die schlafende Venus aus Wachs (Medizinhistorische Sammlung Josephinum)

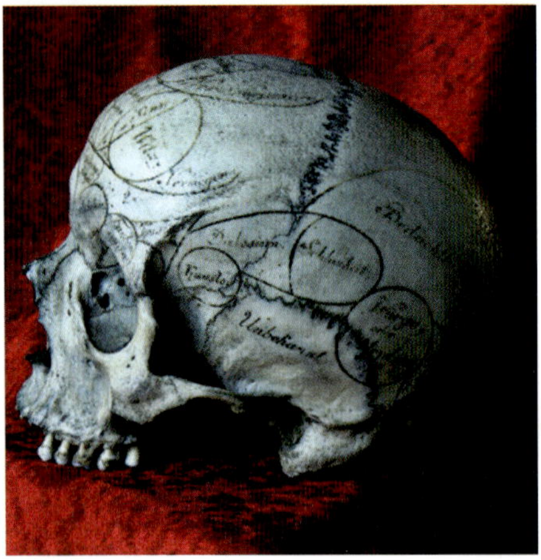

Der Gall'sche Schädel zeigt die 27 Charaktereigenschaften des Menschen. Ober dem linken Ohr befindet sich der „Würge-und Mordsinn".

diese beiden Sinne nur wenige Millimeter voneinander getrennt liegen sollen. Die Gall'sche Schädellehre erfreute sich um 1800 großer Beliebtheit, ihre Anhänger sammelten Schädel besonderer Menschen, wobei sie nicht vor der Störung der Totenruhe zurückschreckten. Bekanntlich war auch der Komponist Josef Haydn ihr Opfer.

TIPP
Medizinhistorisches Museum im Josephinum, 9., Währinger Straße 25. Öffnungszeiten Montag–Samstag 10:00–18:00, Führungen jeden Donnerstag 11:00
www.meduniwien.ac.at/sammlungen

6. A SCHÖNE LEICH'

4., Goldeggasse 19. Bestattungsmuseum Wien

„Der Tod muss ein Wiener sein", mutmaßte schon Georg Kreisler in einem seiner bekannten Chansons. Und nichts Schöneres kann der Wiener sich vorstellen, als „a schöne Leich'". Daher überrascht es nicht, dass sich in Wien das weltweit erste Museum für Bestattungswesen befindet. Was anderenorts als gruselig und morbid angesehen wird, ist in Wien das Natürlichste von der Welt: die Beschäftigung mit Tod und Begräbnis, und zwar schon zu Lebzeiten.
Das umfangreiche Museum in den Räumlichkeiten der „Bestattung Wien" wurde 1967 eröffnet und wird laufend erweitert. Mit den mehr als 600 manchmal schaurigen, manchmal kuriosen Objekten rund um das Sterben ist diese Sammlung selbst eine einzigartige Kuriosität.

Der Tod als Geschäft

Gestorben wurde ja immer schon. Begraben wurde man im ländlichen Bereich von der Kirche und einem bezahlten Totengräber, in der Großstadt jedoch von privaten Bestattungsfirmen. Diese nach französischem Vorbild *Pompes Funèbres* genannten Unternehmen, die „Pompfüneberer", wie man in Wien sagte, waren mit der Zeit so exorbitant teuer und korrupt geworden, dass die Stadt Wien im Jahr 1907 eine eigene gemeinnützige Firma gründete und das Bestattungswesen übernahm. Sie stellte damit das lukrative Geschäft mit dem Tod ab, das die merkwürdigsten Auswüchse gezeigt hatte: Die verschiedenen Pompfünebe-

Josephinischer Gemeindesarg, (1784, Replik) Bestattungsmuseum Wien

rer bezahlten die Wiener Hausmeister dafür, wenn diese meldeten, wer demnächst sterben würde. Dann kreisten sie alle wie Aasgeier um das Sterbehaus und stritten oft handgreiflich um den Auftrag. Das Museum zeigt Livreen, Särge aller Klassen und Urnen, aufwändigen Trauerschmuck und den bereits beschriebenen Rettungswecker für Scheintote, sowie ein Herzstichmesser. Eines der merkwürdigsten Schauobjekte ist der berühmte „Klappsarg" zur Mehrfachverwendung. Er wurde von Kaiser Joseph II. als Sparmaßnahme eingeführt, konnte sich jedoch nicht durchsetzen. Der Wiener lässt sich nun einmal sein aufwändiges Begräbnis nicht nehmen.
Neben Kuriosa bietet das Museum einen interessanten Überblick über die Geschichte des Bestattungswesens und die Bestattungsbräuche. Die Palette der Exponate reicht vom Kindersarg bis zur modernen Designerurne, von der Rohrpost für Särge bis zur Leichentramway. Grufties, Nekrophile und andere Individualisten werden ihre helle Freude daran haben, Probeliegen im Sarg ist in der „Langen Nacht der Museen" möglich.

TIPP
4., Goldeggasse 19. Bestattungsmuseum Wien. Besichtigung nur mit Führung durch den Kurator Mag. Dr. Wittigo Keller. Das von ihm entwickelte „Edutainment" kommt bei allen Altersgruppen hervorragend an. Mit dem sprichwörtlichen Wiener Charme verliert der Tod seinen Schrecken. Montag bis Freitag gegen Voranmeldung. Tel.: (01) 501 95 / 0.

NACHWORT

Mit diesem Buch wollten wir den Leser auf die unheimliche Seite der Stadt Wien aufmerksam machen, auf schaurige, morbide, gruselige Orte und Begebenheiten. Über ein Jahr lang folgten wir den Spuren mysteriöser und merkwürdiger Menschen, gingen unerklärlichen Erscheinungen, ja sogar Flüchen und deren Folgen nach und lasen uns durch wahre Papierberge von Sagen, Legenden und Zeitungsartikeln, wobei sich uns oft selbst die Haare sträubten. Dann trafen wir aus den Ergebnissen unserer Nachforschungen eine repräsentative Auswahl, um das riesige Gebiet dessen zu umreißen, was unter den Begriff „Gruselig" im weitesten Sinne fällt. Dabei versuchten wir, die Bandbreite vom Echten und Seriösen bis zum Lächerlichen aufzuzeigen, damit sich jeder seine eigene Meinung bilden kann, nichts wird vorgegeben, vieles in Frage gestellt. Unsere bisher noch nie gezeigten Fotos geben dazu ein lebendiges Bild dieser unbekannten Seite Wiens, die somit nicht nur im Wort, sondern auch im Bild für unsere Leser Gestalt annimmt. Die praktischen Hinweise und Literaturtipps sollen ihm ein weiteres und tieferes Eindringen in die Materie erleichtern. Wir hoffen, mit diesem Werk eine Lücke in der Wiener Mystery-Literatur geschlossen und unseren Lesern ein vergnügliches Leseabenteuer beschert zu haben.

DANKSAGUNG

Unser Dank gilt all jenen, die durch ihr Interesse an unserer Arbeit zum Gelingen dieses Buches beigetragen haben, im Besonderen Christine Bory und Dr. Erich Krenslehner, für wertvolle Hinweise auf unheimliche Begebenheiten. Unseren persönlichen Dank möchten wir aussprechen an: Herman Bauch vom Himmelkeller in Kronberg für fortwährende Unterstützung bei unseren Recherchen. DDr. Anna Ehrlich, Kulturhistorikerin, Sachbuchautorin und Fremdenführerin, für die Bereitstellung ihrer Materialsammlung, die historische Beratung, Durchstrukturierung und das Lektorat dieses Buches. Pater Elias für das Öffnen der Gruft unter der Kirche Am Hof. Reinhard Habeck, Wiener Mystery-Autor, für die großzügige Zurverfügungstellung von Texten und Fotos aus dem Nachlass von Peter Krassa. Walter Kieltsch, Pächter des Villonkellers, für die Überlassung seines Fotoarchivs über die ehemalige Opiumhöhle. Mag. Anton Knoll, Bibliothekar der Österreichischen Nationalbibliothek, für das Öffnen seiner Schatztruhe mit den Alraunen des Kaisers Rudolph II. Maria Manov für die Demonstration der Tonbandstimmen aus dem Jenseits. Dr. Marcello La Speranza und Peter Ryborz für das Öffnen der Tore in die Unterwelt.

QUELLEN UND LITERATUR

Benda, Richard/Seyrl, Harald: Mörderisches Wien. Edition Seyrl 1997

Berger, Franz-Severin/Holler, Christiane: Mythen, Spuk und gute Geister: Ein Reiseführer in die Anderswelt. Wien 1998

Bermann, Moritz: Alt und Neu Wien 1880

Besetzny, Emil: Die Sphinx, Wien 1873

Bieberger, Christof/Gruber, Alexandra/Hasmann, Gabriele: Spuk in Wien. Wien 2004

Bouchal, Robert/Sachslehner, Johannes: Mystisches Wien. Verborgene Schätze. Versunkene Welten. Orte der Nacht. Wien: Pichler Verlag 2004

Brabée, Gustav, Sub Rosa. Wien 1879

Czeike, Felix: Das große Groner Wien Lexikon. Wien 1974

Ehrlich, Anna: Szepter und Rose. Roman über Kaiser Rudolf II, Wien-München 2004

Ehrlich, Anna: Hexen–Mörder–Henker, die Kriminalgeschichte Österreichs. Wien 2006

Ehrlich, Anna: Ärzte–Bader–Scharlatane, die Geschichte der österreichischen Heilkunst. Wien 2007

Fellner, Sabine/Unterreiner, Katrin: Morphium, Cannabis und Cocain. Medizin und Rezepte des Kaiserhauses. Wien 2008

Glück, Alexander/La Speranza, Marcello/Ryborz, Peter: Unter Wien. Berlin 2001

Havas, Harald: Kurioses Wien, 2010

Hudetz, Joseph/Felbinger, Franz Ritter von: Begräbnishalle mit pneumatischer Förderung für den Central-Friedhof der Stadt Wien, Wien 1874

Kisch, Wilhelm: Die alten Straßen und Plätze Wiens. Wien 1883

Krassa, Peter: Men in Black. Phantome des Schreckens. Rothenburg Kopp Verlag, 2004

Krassa, Peter: Der Wiedergänger, Herbig 1998

Martin, Gunther: Als Victorianer in Wien. Erinnerungen des britischen Diplomaten Sir Horace Rumbold. Wien 1984

Pohl, Elisabeth: Geheimes & Genussvolles Wien, Lichtblickbuchverlag

Praschl-Bichler, Gabriele: Die Habsburger und das Übersinnliche, Amalthea 2003

Riedl-Dorn, Christa: Das Haus der Wunder. Zur Geschichte des Naturhistorischen Museums in Wien. Wien 1998

Roitzsch, E. H. Peter: Das Vojnich-Manuskript: Ein ungelöste Rätsel der Vergangenheit, Münster 2008

Roth, Gerhard: Die Stadt. Entdeckungen im Inneren von Wien, Frankfurt am Main 2009

Stohl, Alfred: Der Narrenturm – oder die dunkle Seite der Wissenschaft, Wien 2000.

Stoker, Bram: Dracula. Übersetzt von H.C. Artmann. Wien: Kremayr & Scheriau 1966.
Swieten, Gerhard van: Verfasser einer Abhandlung über Vampirismus, Augsburg, 1768.
Vocelka, Karl/Heller, Lynne: Die private Welt der Habsburger. Leben und Alltag einer Familie. Wien-Graz-Köln 1998
Weiss, David G. L.: Miasma oder Der Steinerne Gast. Strasshof-Wien-Bad Aibling 2008
Winkler, E. M., Der künstlich deformierte Schädel von Atzgersdorf – Fragen seiner Herkunft und Bedeutung aus heutiger Sicht, in Mitteilungen der Anthropologischen Gesellschaft in Wien Bd. 109 (1979) S. 1–9
Witzmann, Reingard/Feldbacher, Sigi (Hg.): Magische Orte. Wiener Sagen und Mythen. Wien 2004 (Austellungskatalog Wien Museum 312)
Zedinger, Renate: Franz Stephan von Lothringen. Monarch, Manager, Mäzen. Wien 2008
Zimmel, Bruno: Der Goldmacher Sehfeld in Rodaun/Bruno Zimmel. – Wien: Montan-Verlag 1963 (Leobener grüne Hefte, hrsg. vom Montanhistorischen Verein für Österreich Leoben)

INTERNET
Universal Lexicon aus 1730, 70 Bände, www.zedler-lexikon.de

BILDNACHWEIS

Seite 60/61: Vampirakten, Haus-, Hof- und Staatsarchiv
Seite 91: Alchemistenmedaillon. KHM – Münzkabinett
Seite 99: Gefäß mit Menschenschweiß
Pharmaziehistorische Sammlung des Departments für Pharmakognosie, Universität Wien, Althanstraße 14, 1090 Wien
Seite 165: Opiumhöhle. Walter Kieltsch
Seite 197/198: Wachsfigur und Gall'scher Schädel
Department und Sammlungen für Geschichte der Medizin, Währinger Straße 25, 1090 Wien
Seite 185: Alraunen
Österreichische Nationalbibliothek, Sammlung von Handschriften und Alten Drucken, Josefsplatz 1, 1015 Wien
Seite 69, 174, 199: Rettungswecker, Leichentramway, Klappsarg. Wittigo/Bestattungsmuseum Wien

STADTSPAZIERGÄNGE

Autorenführungen zum Thema des Buches mit Gabriele Lukacs bietet die Firma Wienfuehrung an. Alle Infos auf www.wienfuehrung.com; mailto: office@wienfuehrung.at

Die Stadtführung „Geister, Gespenster und Vampire – Gruseliges Wien“ von Mag. Alexander Ehrlich findet ganzjährig jeden Dienstag sowie an jedem gesetzlichen Feiertag und zu Halloween, immer um 16.30 Uhr statt. Treffpunkt: Michaelerplatz Mitte (bei den Ausgrabungen), Voranmeldung für Einzelpersonen nicht nötig.
www.citytours.co.at; mailto: info@citytours.co.at

Gabriele Lukacs g.lukacs@speed.at

... NOCH EINIGE WORTE ZU DIESEM SPANNENDEN BUCH

Sie halten ein Buch in Händen, das Ihnen aufregende Stunden bringen wird. Als ich mit den Fotoarbeiten zu diesem Buch begann, begab ich mich oft tageweise auf eine Reise durch die mir bereits sehr vertraute Stadt. Immer öfter und immer häufiger versuchte ich bei der Spurensuche den hier beschriebenen Geschichten auf den Grund zu gehen. Wie schon so oft wurden durch das Öffnen einer Türe 5 weitere Türen und neue Gänge entdeckt. Ein schier unbeschreiblicher Schatz, eine schier unbeschreibliche Fülle tat sich vor uns auf. Das Gefühl, in einen Raum abgestiegen zu sein, den die letzten 45 Jahre kein Mensch mehr betreten hat, zählt zu den besonders spannenden Glücksmomenten in meinem Leben. Licht in das Dunkel zu bringen und auf Entdeckungsreise zu gehen, Hinterlassenschaften aus der Vergangenheit zu beleuchten ist die Triebfeder dieses Buches! Sie haben mit diesem Buch nun auch die Möglichkeit, einen Teil ihrer Lebenszeit zur „Entdeckerzeit" zu gestalten. Begeben Sie sich mit uns auf die Spurensuche nach den verloren geglaubten Zeugnissen längst vergangener Tage! Erleben Sie viele spannende und glückliche Stunden beim Erahnen und Suchen von Hinweisen! Tauchen Sie mit uns in eine wunderbare Stadt mit einer äußerst vielseitigen und bewegten Geschichte ein. Werden Sie Entdecker!

Robert Bouchal www.bouchal.com

Führungen zu diesem Thema buchen Sie bei
www.wienfuehrung.com

Autoren und Verlag bedanken sich für die freundlichen Abdruckgenehmigungen.

Seite 206/207: Ein Ort unheimlicher Begegnungen mit blutenden Leichen
und Wiedergängern: der Michaelerplatz in Wien

ISBN 978-3-85431-644-2

Umschlaggestaltung: Bruno Wegscheider
Buchgestaltung: Franz Hanns
Reproduktion: Pixelstorm, Wien

Druck und Bindung:
Druckerei Theiss GmbH, St. Stefan im Lavanttal
2 4 6 7 5 3
Printed in Austria